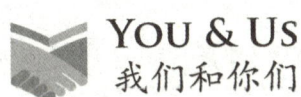

中国和土库曼斯坦的故事

吴虹滨 主编

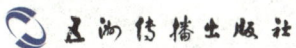

图书在版编目（CIP）数据

中国和土库曼斯坦的故事 / 吴虹滨主编 . —北京：五洲传播出版社，2018.8
（我们和你们）
ISBN 978-7-5085-3783-2

Ⅰ . ①中… Ⅱ . ①吴… Ⅲ . ①中外关系 – 友好往来 – 土库曼斯坦
Ⅳ . ① D822.236.3

中国版本图书馆 CIP 数据核字（2017）第 211839 号

中国和土库曼斯坦的故事

主　　编：	吴虹滨
出 版 人：	荆孝敏
责任编辑：	高　磊
装帧设计：	北京翰墨坊广告有限公司
出版发行：	五洲传播出版社
地　　址：	北京市海淀区北三环中路 31 号生产力大楼 B 座 6 层
邮　　编：	100088
发行电话：	010-82005927，010-82007837
网　　址：	www.cicc.org.cn　www.thatsbooks.com
承　　印：	北京圣彩虹科技有限公司
版　　次：	2018 年 8 月第 1 版第 1 次印刷
开　　本：	787×1092mm　1/16
印　　张：	16
字　　数：	220 千字
定　　价：	56.00 元

薪火相传
世代友好

戴秉国
二〇二四年十二月

序

尊敬的读者朋友们!

借助手头的这本书,您可以掌握最必需、最真实的材料,来了解既遥远又相近的土库曼斯坦。

本书是"我们和你们"丛书推出的最新一册。它的问世是生于不同年代的中国和土库曼斯坦的学者、历史专家、外交官、大学生、科学和文化界人士共同努力的结果。本书包括了许多值得一读的文章,其作者都是中国人和土库曼人,他们都曾经并将继续为发展两国的友好关系作出重要的贡献,他们都目击或亲历了土中战略伙伴关系建立和发展的进程,而且所写的文章题材广泛,所以读者可以借此更深刻地了解土库曼斯坦和中国人民的生活、文化、传统和习俗。

作为"我们和你们"丛书的一朵新葩,本书讲述的是中国和土库曼斯坦的故事,其出版又适逢土库曼斯坦和中华人民共和国建交 25 周年,实在是件让人高兴的事情。

土中互助合作关系源起于土库曼斯坦获得独立时期。中国是世界上首批承认土库曼斯坦的国家之一。以时任外经贸部部长李岚清为团长的中国政府代表团于 1992 年 1 月访问了阿什哈巴德,这是土库曼斯坦独立后双方的首次正式接触。此访期间,双方签署了联合公报,宣布土库曼斯坦和中华人民共和国自 1992 年 1 月 6 日起建立外交关系。在建交联合公报中，双方表示将在相互尊重主权和领土完整、平等互利的原则基础上发展友好合作关系。

在其后短短的一些年里，我们两国签订了很多非常重要的政治文件：《土库曼斯坦和中华人民共和国关于进一步发展和加强友好合作的联合声明》《土库曼斯坦和中华人民共和国关于全面加强土中友好合作关系的联合声明》等。2014 年 5 月，土库曼斯坦总统访问了中国，两国元首签署了《土库曼斯坦和中华人民共和国友好合作条约》，这是双边关系中最重要的一个政治文件。

这些文件为发展两国友好关系奠定了坚实的法律基础。土库曼斯坦和中国多年来进行了平等互利、卓有成效的合作，积累了在多个领域发展伙伴关系的丰富经验。土库曼斯坦和中国签订了 160 多个国家间、政府间、部门间的文件。当前，土中两国是在国际经济合作的大体系内开展合作，有可靠的国际法基础。

土库曼斯坦总统和中国国家主席定期举行会见，审视两国关系不断发展的战略性问题，这是两国卓有成效的全面战略伙伴关系得以发展的主要原因。两国领导人每次会见时都会提出双边合作的新领域：能源、安全执法、军事技术、太空科技。为了保持最高层经常对话，两国领导人不仅进行互访，还在许多国际场合会见。

我们两国开展合作已经许多年。可以说，在这些年里，我们挖掘了两个兄弟民族间源远流长的友谊的巨大潜力。

这里必须指出，中方在最高的国家层面一贯坚决支持土库曼斯坦为自己选择的发展道路，尊重土库曼斯坦奉行的永久中立政策。土库曼斯坦也始终恪守"一个中国"原则，高度评价中国改革开放取得的巨大成就。土库曼斯坦和中华人民共和国在联合国的合作表明，两国保持着高度的相互理解和支持。土库曼斯坦先后27次支持中华人民共和国竞选联合国和其他国际组织的职务。中国也两次作为联合国大会关于能源安全决议的共同发起人，支持土库曼斯坦竞选2013—2015年联合国经社理事会和2013—2017年联合国教科文组织执委会以及联合国其他机构的职务。

我们两国的经贸关系在高速发展。活跃和持续不断的政治对话，以及平等互利的经贸伙伴关系，大大促进了土库曼斯坦和中国的商品流通。为了提高土中伙伴关系的效率，两国于2008年成立了土中合作委员会，其职能是保障两国在安全、经贸、能源和人文领域开展广泛的合作。委员会每两年召开一次会议，由两国轮流主办。其下属的四个分委会则每年召开会议。

文化和人文领域的合作在两国关系的发展中占据特殊的地位。土库曼斯坦和中国正不断扩大人文领域的交流与接触，深化文化艺术、体育、教育、新闻、卫生、旅游等方面的合作，加强语言教育、交换留学生和教育代表团互访的工作。

今天，土库曼斯坦和中国是真正意义上的战略伙伴。我们两国都奉行独立自主和和平的对外政策，都处于国家经济发展和民族复兴的重要历史阶段。土库曼斯坦在库尔班古力·别尔德穆哈梅多夫总统的领导下，正满怀信心地前进在创造、全面变革、进步和繁荣的大道上。中国在习近平主席的领导下，正顺利地实现中华民族伟大复兴的构想。在实现这些重要战略目标和任务的道路上，土库曼斯坦和中国将同国际社会一起建立一个安定和安全的世界，为地区和世界的和平和持续发展作出自己的重要贡献。

毫无疑问，我们两国之间诸多的共同点、我们两国领导人之间真诚的友谊，仍将是不断加强土中互利合作的牢固基础。

借此机会，我们祝读者们读书愉快，有所收益；祝作者们身体健康，续有新作。

土库曼斯坦外交部

目 录

◎ 序 / 土库曼斯坦外交部 | 004

记忆篇

◎ 张国宝：古老丝绸之路上架起新的友谊桥梁
　　——中亚天然气管道建设纪实 | 012
◎ 孙炜东：出使土库曼斯坦 | 022
◎ 龚猎夫：土库曼的民族精神和心灵家园 | 030
◎ 鲁桂成：我记忆中的尼亚佐夫总统 | 039
◎ 周晓沛：穿越丝绸之路的汗血马传奇 | 049
◎ 殷松龄：土库曼斯坦首任总统的中国情 | 062
◎ 吴虹滨：那片古老的沙漠，那些善良的人 | 070
◎ 殷卫国：一个中国军人对土库曼斯坦的友好记忆 | 082
◎ 王四海：点点滴滴忆"追梦蓝金"之往事 | 098
◎ 尹树广："沙漠之国"土库曼斯坦采访手记 | 108

交流篇

◎ 卢敬利：火热的土地，浓浓的情 | 118
◎ 刘恕：土库曼斯坦，从不遥远 | 126
◎ 伊尚古雷·伊尚古雷耶夫伟大丝绸之路的故乡 | 135

- ◎ 海峰：哦，土库曼斯坦的月亮，那么远，那么圆 | 141
- ◎ 拉丽萨·阿列克谢延科：我的中国之旅 | 150
- ◎ 赵峰：土库曼斯坦之"热"印象 | 158
- ◎ 胡勇：我心中的土库曼斯坦 | 167
- ◎ 周剑峰：宝马跃千年，中土真情传 | 172
- ◎ 中国石油土库曼斯坦阿姆河公司：
  他们共同生活在阿姆河畔 | 182
- ◎ 戴云：漫漫黄沙里的勃勃生机 | 193
- ◎ 梅尔丹·别尔德耶夫：从土库曼巴什到昌平：
  我的求学之路 | 201

文化篇

- ◎ 胡振华：中国的撒拉族与土库曼斯坦的撒劳尔部落 | 206
- ◎ 穆淑惠：从土库曼斯坦访问归来 | 214
- ◎ 马伟：丝绸之路上的撒拉族与土库曼人 | 219
- ◎ 赵晓佳：我的土库曼地毯情结 | 235
- ◎ 中国中亚友好协会秘书处：
  在中土两国间架设友谊金桥的"民间外交官" | 246

- ◎ 后记 / 吴虹滨 | 253

记忆篇

> 张国宝：古老丝绸之路上架起新的友谊桥梁
> ——中亚天然气管道建设纪实
> 孙炜东：出使土库曼斯坦
> 龚猎夫：土库曼的民族精神和心灵家园
> 鲁桂成：我记忆中的尼亚佐夫总统
> 周晓沛：穿越丝绸之路的汗血马传奇
> 殷松龄：土库曼斯坦首任总统的中国情
> 吴虹滨：那片古老的沙漠，那些善良的人
> 殷卫国：一个中国军人对土库曼斯坦的友好记忆
> 王四海：点点滴滴忆"追梦蓝金"之往事
> 尹树广："沙漠之国"土库曼斯坦采访手记

古老丝绸之路上架起新的友谊桥梁

——中亚天然气管道建设纪实

张国宝（中国国家发改委前副主任、国家能源局前局长）

2009年12月，在古老的丝绸之路上，连接中国和土库曼斯坦的中亚天然气管道开通，成为我国第一条陆上天然气进口大动脉。中亚天然气管道正式开通运营六年来，中国通过中亚天然气管道累计进口天然气超过1350亿立方米。

迄今为止，中国从境外进口天然气的管道，一条是起自土库曼斯坦的阿姆河右岸，横跨乌兹别克斯坦、哈萨克斯坦，直到新疆霍尔果斯口岸的中亚天然气管道；另一条是缅甸到云南的缅甸天然气管道，但目前进口的天然气数量还有限；而俄罗斯西线天然气管道虽签订了意向书、备忘录和一些技术协议，仍未达成商务合同，东线已签合同并开工，但进展不快，尚未能向中国输气。因此，中亚天然气管道是目前中国陆上进口天然气的最重要渠道。

中亚天然气管道，从新疆霍尔果斯口岸进入中国境内，与西气东输二线相连接。中亚的天然气供应到中国华东的上海、浙江、江苏、江西和华南的广东、广西，并经过深圳到香港的海底管道每年供应香港10亿立方米左右。中亚的天然气还经过西气东输管道到达陕北靖边，再经陕京管道输送到北京。在中国，总计有2亿多人口使用上了从遥远的中亚输送来的清洁能源。中亚天然气管道的走向恰好沿着古丝绸之路，经过撒马尔罕、布哈拉等古丝绸之路上的历史名城，跨过戈壁大漠和雪山草原，被誉为新时期的"能源丝绸之路"，正与中国现在的"一带一路"对外开放战略相契合。

中亚天然气管道建设过程中，中、土、乌、哈万余名石油工人经

中国—中亚天然气管道线路图。随着该管线的稳定运行，到2012年，土库曼斯坦已成为中国最大的天然气供应国，中国也成为土库曼斯坦天然气的最大市场。（供图：中新社）

过两年半的艰苦工作，经受住了沙漠腹地高温、严寒、风沙的严峻考验。夏天，沙漠中的气温高达50度，穿着防护服焊接管道的工人脱下衣服时，能从衣服里倒出一盆汗水。上万名工人在沙漠里工作，蔬菜供应也是个问题。中国参加施工的是川庆钻探工程公司，他们发扬吃苦耐劳的精神，在阿姆河边建起无土栽培蔬菜大棚，不仅解决了石油工人的吃菜问题，还可供给当地居民。

　　2009年12月14日，位于土库曼斯坦阿姆河右岸沙漠腹地的第一天然气处理场竣工投产，中国国家主席胡锦涛、土库曼斯坦总统别尔德穆哈梅多夫、乌兹别克斯坦总统卡里莫夫、哈萨克斯坦总统纳扎尔巴耶夫共同开启阀门，宣告中亚天然气管道正式投产运行。土库曼斯坦全国欢腾，举行了盛大隆重的竣工投产仪式。

中国首任驻土库曼斯坦大使程振声曾撰文回忆起最早关于中亚天然气管道的有关构想：土库曼斯坦建国之初制定的《十年稳定》规划中，就提出了多元化出口天然气的设想，包括了向西、东、南和西南四个方向的管道建设方案。土库曼斯坦的专家们乐观地估计，这个规划即使部分实现，国家也可以实现富强之梦。

1992年，尼亚佐夫总统在首次访华前接受新华社记者采访时说，从长远看，我们可能修建从土库曼斯坦经中亚国家通向中国的输气管道项目。此后，尼亚佐夫曾向中国领导人提出过向中国供应管道天然气的倡议。

2005年5月9日，胡锦涛主席应邀出席在莫斯科举行的卫国战争胜利60周年纪念活动。期间，在中土两国元首的会晤中，尼亚佐夫总统向胡锦涛主席谈到，土库曼斯坦有着丰富的天然气资源，可以从该国修建一条天然气管道，向中国出口天然气。当时，中国的对外开放越来越深入、广泛，经济持续快速增长，能源和矿产资源需求也相应快速增长。

为使外交工作更好地配合国内经济建设，不久，外交部和国家发改委在京西宾馆召开了一次驻外使节会议，由大使们介绍驻在国的资源情况和可以与中国合作的潜在机会。驻土库曼斯坦大使鲁桂成介绍了土库曼斯坦的天然气资源情况：土库曼斯坦是原苏联各加盟共和国中天然气储量最丰富的地区，2004年出口天然气391亿立方米，但只能通过苏联时期建成的单一管道向俄罗斯出口，价格非常低廉，故土方有出口多元化的强烈意愿。他建议从土库曼斯坦进口我国需要的天然气。他的发言给我留下了深刻的印象，从土库曼斯坦进口天然气的构想更加清晰起来。

2005年7月，吴仪副总理率团访问中亚，我陪同出访。土库曼斯坦总统尼亚佐夫在会见吴仪副总理时再次提出，可以让中方参与开发阿姆河右岸区块。于是，回国后我们即邀请土库曼斯坦政府副总理兼

2005年7月21日，土库曼斯坦总统尼亚佐夫在阿什哈巴德会见到访的中国国务院副总理吴仪。（供图：CFP）

油气工业部长别尔德耶夫到北京就具体事宜进行协商。

在钓鱼台国宾馆，我与别尔德耶夫先生就修建从土库曼斯坦到中国的天然气管道问题进行了磋商。双方都表示了合作意向，但对资源情况，如能否保证20年以上每年稳定供气300亿立方米，以及中方以何种方式参与土库曼斯坦天然气开发等具体问题，只是初步交换意见。土方要求中国派代表团到土库曼斯坦实地考察，并继续商谈。双方都希望能达成中国从土库曼斯坦进口天然气的协议。

2006年1月19—21日，我应邀率团访问土库曼斯坦，就修建土中天然气管道、每年从土库曼斯坦进口300亿立方米天然气、参与土天然气勘探开发等问题进行商谈。访问团成员包括中国石油天然气集团公司国际勘探开发公司总经理汪东进,以及来自外交部欧亚司、发改委能源局和外事司、中石油哈萨克斯坦项目部等的负责同志,并安排了专家组先期赴土库曼斯坦进行技术商谈。

根据中石油专家的初步了解和评价,土库曼斯坦天然气资源丰富,剩余可采储量2.9万亿立方米。最大的气田是位于阿姆河盆地的多沃列塔巴德气田,储量1.3万亿立方米,位于穆尔加布河盆地的雅什拉尔气田储量7000亿立方米。2005年,土库曼斯坦天然气产量约630亿立方米,出口452亿立方米,主要通过管道向乌克兰、伊朗北部和俄罗斯输送。中石油的同志认为,按目前掌握的数据,土库曼斯坦还难以保证每年向中国出口300亿立方米。因此,如果从土库曼斯坦进口天然气,必须继续进行投资和勘探,增加天然气的可采储量和产能。他们建议我在与土方官员会面时强调这一点,要求土方拿出一定的区块让我们投资勘探开发。我觉得中石油专家的这一意见是正确的,尽管土库曼斯坦有着丰富的天然气资源,但目前已经掌握的可采储量和产能确实还不足以保证每年向中国出口300亿立方米。土库曼斯坦方面了解到中方的想法后,又告诉我们,在其南部尤洛坦地区还有一个储量8万亿立方米的大型气田,向中国出口天然气是有资源保证的。

2006年1月19日上午,尼亚佐夫总统在上班前一小时会见我和鲁桂成、汪东进,可见他对这件事的重视。两位部长站立在地图前,向我们讲解土库曼斯坦天然气分布情况和出口多元化的设想。尽管两位部长的讲解很专业,但很快总统就亲自执教鞭向我们讲解土库曼斯坦出口天然气的战略构想。他说,美国建议建设跨里海到土耳其的管道,印度建议建设经巴基斯坦到印度的管线,乌克兰和欧洲希望建设绕开俄罗斯向欧洲出口天然气的管道。土库曼斯坦从出口市场多元化的角度考虑,愿意建设到中国的天然气管道,并从2008年起能保证年输气300亿立方米;在土边境交气,不参与边境以外管道的建设。

我强调,土库曼斯坦天然气出口市场多元化符合土国利益,中方

中石油兴建的土库曼斯坦复兴气田（加尔金内什气田）天然气处理厂。（供图：FOTOE）

愿意以合理价格从土进口天然气，但不应高于向其他国家出口的价格。管道的走向，从土边境经乌兹别克斯坦和哈萨克斯坦，到中国的霍尔果斯口岸，距离约 2300 公里。而从霍尔果斯口岸到中国东部的天然气市场，有 5000 多公里。由于距离长，输送量必须足够大，至少每年 300 亿立方米，否则管输成本太高，经济上不可行。从土边境到霍尔果斯口岸 2300 公里的管道建设费至少需 35 亿美元，中国境内管道建设费约 120 亿美元，投资巨大。如果没有充足的气源保证，我们是不敢轻易决策建设的。因此，中方要求以产品分成方式参加阿姆河右岸天然气田的勘探开发。按双方专家组的评估，目前阿姆河右岸探明储量只能建 100—150 亿立方米 / 年左右的产能，不能满足 300 亿立方米 / 年的输气要求，因此希望土方同意将阿姆河南面雅什拉尔区块也作为向中国供气的气源地，中方希望能参与勘探开发该区块。

会见中，尼亚佐夫总统态度十分友好。他表态说，这些具体问题

2011年3月1日,中国国务院副总理王岐山(右)在北京钓鱼台国宾馆会见土库曼斯坦总统特使、副总理霍贾穆哈梅多夫率领的访华代表团一行,双方签署了《中华人民共和国政府与土库曼斯坦政府关于中国国家开发银行向土库曼斯坦天然气康采恩提供贷款的框架协议》。(供图:中新社)

都可以与油气部长去商谈,土方能够保证 2008 年开始每年供气 300 亿立方米,希望能在他今春访华时签署协议。会见后,我们又立即与土石油天然气部长、石油天然气康采恩谈判。土方强调,阿姆河右岸共有五个区块,其中有两个区块在苏联时期探明程度比较高,是作为向乌兹别克斯坦供气 100—150 亿立方米／年的气源地,这两个区块不能拿出来让中方以产品分成方式开发。根据土库曼斯坦法律规定,陆上油气田不能让外国公司以产品分成方式开发。由于考虑到与中方的特殊关系,经尼亚佐夫总统特批,只能从其他的三个区块中先选择一个区块让中方以产品分成方式勘探开发，其他区块，包括雅什拉尔区块可以让中方以技术服务方式参与开发。

会后我们分析，尼亚佐夫总统提出向中国出口天然气的战略意图是明确的，可以实现土出口市场多元化，增加土出口天然气要价的话语权。当然，土库曼斯坦要维护自己利益的最大化，中土双方在谈判中出现一些分歧是很自然的。建设中亚天然气管道是一个具有重大战略意义的工程，是两国领导人高瞻远瞩的共识，应力争成功。我方在谈判时应换位思考，在谋求利益的最大化时，也要考虑接受中利益、小利益，终极目的是要实现每年从土进口300亿立方米天然气。

会见当天，土库曼斯坦主要报纸头版头条报道了尼亚佐夫总统会见我们的新闻，着重传递了中国派代表团来商谈购买土库曼斯坦天然气的内容。后来，经过艰苦谈判，双方终于达成互利共赢的协议。

与土库曼斯坦就勘探开发天然气资源和建设向中国输气的天然气管道达成一致，还只是整个中亚天然气管道谈判的一半工作量，因为管道必须经过乌兹别克斯坦和哈萨克斯坦才能到达中国边境，与这两个国家协商能否达成一致，我们心中依然没底。这两个管道过境国各有自己的利益诉求，谈判无疑将是十分艰苦复杂的。时任国家发改委主任马凯亲自赴乌兹别克斯坦和哈萨克斯坦谈判，最终与两国签订了过境管道协议。中亚天然气管道经过乌、哈境内段，均采用与该国石油天然气公司各50%股份的合资方式，管道建设工作量也按该股份分别由两国石油管道公司承担。这样一个跨越四国的巨大而复杂的管道工程能在短时间内达成协议，充分体现了中国和中亚国家之间的友好合作关系和意愿，这正是丝绸之路精神的传承。

为了促成这一历史性构想，2006年4月尼亚佐夫总统率团访华，准备和胡锦涛主席签署建设这一重要天然气管道的协议。可以说，已经是万事俱备，只欠东风。

通常，像这样建设管道的专业协议，应由两国主管能源的部长签

2013年9月4日,中国国家主席习近平和土库曼斯坦总统别尔德穆哈梅多夫共同出席中国石油天然气集团公司承建的土库曼斯坦"复兴"气田一期工程竣工投产仪式。

署,两国元首可以做见证。但是,尼亚佐夫总统希望这一重要的历史性协议由他本人和中国的国家元首来签署。胡锦涛主席也相应表示,这是件好事,明天可以破例,由他和尼亚佐夫总统来签。

第二天,在人民大会堂,由胡锦涛主席和尼亚佐夫总统代表两国签署了建设中亚天然气管道的协议。尼亚佐夫总统回国后不久,就不幸因病去世了。但这项两国元首亲自签署的协议一直得到很好的执行。

中国领导人十分重视与中亚各国的关系和丝绸之路经济带建设。包括前任总理温家宝、现任总理李克强、时任国务院副总理王岐山等,几乎所有的中央政治局常委都访问过土库曼斯坦、哈萨克斯坦和乌兹别克斯坦，推动和维护与中亚各国的友好合作关系。习近平任中共中央总书记和国家主席后，进一步提出了建设"丝绸之路经济带"的战略构想，并出访土库曼斯坦，推动扩大从土进口天然气。

别尔德穆哈梅多夫出任土库曼斯坦总统后，十分重视对华友好关系，多次访问中国，亲自推进经济合作。在两国领导人的直接推动下，中国从土库曼斯坦进口天然气的数量也逐年增加，目前协议额已达680亿立方米/年。

中亚天然气管道的建成，在古老的丝绸之路上架起了新的友谊桥梁。扩大中亚天然气管道向中国供气，是中土双方互利合作的重要内容，切实起到了加强两国和两国人民之间传统友谊的重要纽带作用。

出使土库曼斯坦

孙炜东（中国驻土库曼斯坦大使）

2016年10月18日，我来到有着"白色大理石之都"美誉的阿什哈巴德，出任中国驻土库曼斯坦第八任特命全权大使。两年来的工作生活，让我对这个丝绸之路上的古国有了更深的了解。

感受土库曼斯坦

外交工作中，我曾有机会到过中亚五国中的四国，或出差或常驻，唯独与土库曼斯坦未曾谋面。没想到，第一次去土库曼斯坦就是作为大使赴任。学生时代，公元前2世纪张骞出使西域到过的尼萨古城、丝绸之路上的古城梅尔夫、"汗血宝马"等，都曾让我对土库曼斯坦这颗"中亚明珠"充满向往。赴任前，通过查阅大量资料、走访多个部门、拜会多位同事，我对这个80%的国土被卡拉库姆沙漠覆盖的国度有了一定了解。然而，现实的土库曼斯坦更让人惊喜：阿什哈巴德高楼鳞次栉比，街道宽阔整洁，机场、酒店、运动场馆、住宅小区处处"高大上"。全国政治社会稳定，经济稳步发展，人民安居乐业。各行各业正在积极落实《2018—2024年经济社会发展总统纲要》，努力实现经济年均增长6.2%—8.2%、居民工资年均增长10%等具体目标。在世界经济复苏乏力的背景下，土库曼斯坦设立的经济社会发展目标显示出土库曼斯坦人民对国家未来的坚定信心。永久中立是土库曼斯坦对外政策的鲜明特点。土库曼斯坦是世界上唯一以联合国决议方式确认的中立国家，一直致力于同世界各国发展友好合作关系。

2017年1月16日,孙炜东大使在庆祝中土建交25周年文艺晚会上致辞。

近年,土方在联合国框架内就能源安全、交通运输、环境保护、地区安全、体育运动等提出一系列重大倡议,主办第五届亚洲室内与武道运动会,倡议设立并隆重庆祝"国际中立日"和"世界自行车日",为世界发展贡献"土国智慧"和"土国方案",得到国际社会的广泛认可和支持,国际声誉和影响力不断提升。实践证明,土库曼斯坦走出了一条独具特色、符合本国国情的发展道路。

我在土库曼斯坦有宾至如归之感,因为中土两国都是东方文明古国,有许多风俗传统相似或相同。很多土库曼人家里都有一个"邻居家的碗",用来与友邻分享美食,这令我回想起类似的幸福童年。土库曼人性格温和纯朴,有这样一个故事:古时一位农民因智慧善良受

23

2017年9月17日，土库曼斯坦在首都阿什哈巴德举办第五届亚洲室内与武道运动会开幕式。

到国王的款待，面对赏赐的金子，农民只取一块，理由是"拿我要拿的，而不是能拿的"。这个农民就是土库曼斯坦民族的缩影。

中土合作成果丰硕

1992年1月6日，土库曼斯坦初获独立不久，中土两国签署建交联合公报，正式建立外交关系，开启了两国友好合作的新篇章。2013

2017年1月30日,农历大年初三,孙炜东大使(前排右1)慰问中土天然气合作项目一线员工。

年9月3日至4日,习近平主席对土库曼斯坦进行国事访问,两国元首签署《关于建立战略伙伴关系的联合宣言》,将双边关系提升至战略伙伴关系新高度,中土关系实现跨越式发展。

建交以来,中土关系始终保持积极健康发展势头,双方创造了两国关系史上多个"第一"。中国是世界上第一个与土库曼斯坦建交的国家,是第一批支持土方奉行永久中立政策的国家,是土库曼斯坦第一个以政治文件形式确立的战略伙伴。土库曼斯坦是习近平主席就任国家主席后访问的第一个中亚国家。中土天然气管道是中国修建的第一条跨境天然气管道,自2009年底至2018年7月,土方累计对华供气超过2000亿立方米,两国互为第一大天然气贸易国。双边贸易额从建交初期的450万美元,到2013年突破100亿美元,增长2000

多倍。中国是土库曼斯坦第一大外资来源国。自2011年至2017年，中国连续7年成为土第一大贸易伙伴国。这些"第一"就是对中土关系发展成果的最好说明。

在国际形势复杂深刻变化的背景下，中土战略伙伴关系不断发展并非偶然，而是基于两国领导人对双边关系的高度重视和战略引领，基于双方高度的政治互信。中土两国在涉及彼此核心利益的问题上相互坚定支持。中方坚定支持土方奉行的永久中立政策，尊重土库曼人民根据本国国情自主选择的发展道路；土方坚定支持"一个中国"政策，支持中方维护国家主权和领土完整。双方在许多重大地区和国际问题上立场相同或相近，在联合国等国际组织框架内保持密切沟通协作，共同致力于促进中亚地区及世界的和平、稳定与发展。

天然气合作在中土双边关系中举足轻重。土库曼斯坦天然气储量巨大，位居世界第四，而中国是世界上最大的能源消费市场，中土天然气合作具有战略性、长期性、优势互补、互利共赢的特点，符合两国和两国人民的共同利益。土方对中土天然气合作给予特殊政策，将唯一一个陆上天然气开采权授予中石油集团。中土天然气管道长1800多公里，是世界上最长的跨国天然气管道，已建成A、B、C三线，于2009年底开通。根据双方协议，土库曼斯坦通过该管道对华供气30年，我国获得了稳定的天然气供应来源。中土天然气管道与中国西气东输管道相接，土方天然气通过管道已输送到中国包括中西部、中南部、京津冀、长三角、珠三角地区的24个省区市，最南送达广东、香港，惠及沿线5亿民众。另一方面，中土天然气合作为土天然气出口多元化提供了新通道，成为土方外汇收入的重要来源，促进了当地经济社会进步，并直接为土国民众创造数万个就业机会，带动当地建筑、物流、交通、服务等相关产业发展。此外，中土天然气管道过境乌兹别克斯坦和哈萨克斯坦，对促进管道沿线国家和本地区发展稳定发挥着重要作用。中土天然气合作项目的实施，实现了能源管道项目所有参

2017年10月7日,孙炜东大使参观土国防部并发表演讲。

与方——生产国、过境国、消费国合作共赢、利益共享的目标。

在中土能源合作稳步发展的同时,双方在铁路基础设施、信息技术设备、市政建设等非资源领域合作卓有成效。中国制造的机车、客车车厢等铁路设备占土库曼斯坦市场保有量80%以上,承担着土库曼斯坦90%以上的铁路运力;中国的通信设备和固网、移动网服务占土库曼斯坦60%—70%的市场份额,华为、联想等中国品牌在土家喻户晓;中国的交通和治安监管装备、路灯、景观照明及附属设备、喷泉、各式多媒体显示屏、建材等产品在土库曼斯坦市场亦占据优势地位。

中土友好合作之路越走越宽

习近平主席提出共建"一带一路"的伟大倡议,土库曼斯坦总统

2017年7月4—6日,首届"中国制造"综合商品展在阿什哈巴德举行。

别尔德穆哈梅多夫倡议"复兴古丝绸之路",两国发展战略高度契合。土库曼斯坦作为"一带一路"沿线重要国家,较早支持和参与"一带一路"建设。在两国元首的战略引领下,双方努力寻求经济合作新的增长点和各领域合作新的契合点,不断打造中土合作的新亮点。

近年,土库曼斯坦利用地处中亚、南亚、西亚交汇处的区位优势,通过兴建公路桥、铁路桥和铺设铁路、光缆等跨境基础设施,新建机场、里海港口等进出口终端,大力发展交通运输,打造现代物流中心。目前,中国—哈萨克斯坦—土库曼斯坦—伊朗铁路集装箱运输已经开通,中国至波斯湾的货物运输时间由28天缩短至14天。双方正在探索多式联运等新型运输方式,以进一步降低贸易成本。2017年,两国共同举办建交以来的首次"中国制造"综合商品展和首届中土科学创新论坛,实现了"从无到有"的新突破,搭建了互利合作的新平台。随着两国政治互信不断增强，两国军事交流与合作取得积极进展，成为双边关系的重要组成部分，我有幸成为第一个受邀参观土国防部并发表演讲的外国驻土大使。与此同时，中土人文交往日趋活跃。双方成功互办"文化日"，共同在土举行两国建交25周年文艺晚会。使馆组织土境内7家丝绸之路古城博物馆负责人到新疆访问，就文物修复技术、丝路历史文献研究、古城遗址保护和管理等问题同新疆丝路古城专家学者深入交流，通过恢复中土丝路古城历史联系，拉近民众感情，促进民心相通。随着两国关系不断发展，"汉语热"在土持续升温。2016年，土10所小学的五年级开设了汉语课程。至2017年，学习汉语的学生人数增长了三倍，达到近1600人。学习汉语的大学生数量同期也翻了一番。土赴华留学生人数超过2000人。中国驻土使馆每年除组织土汉语师生赴华参访外，还设立"大使奖学金"，将通过同土方联合举办汉语知识竞赛和作文、摄影、演讲比赛等形式，增进土国学生对中国古老文明、传统文化和现代成就的了解，激发其学习汉语的兴趣和热情。两国妇女、青年、民间团组往来交流频繁。中土已建立四对友好省州市，分别是陕西省与马雷州、山东省与列巴普州、西安市与马雷市、日照市与土库曼纳巴特市，两国地方交往逐步展开。相信随着双方人文合作不断扩大，两国人民距离不断拉近，中土战略伙伴关系的民意和社会基础将愈加坚实。

2000多年前，古老的丝绸之路将两国人民紧密联系在一起。今天，中土传统友谊经受岁月沧桑洗礼，历久弥坚，被赋予崭新、丰富的时代内涵。中土两国是好邻居、好朋友、好伙伴，都是讲情谊、重感情的民族。在土库曼斯坦的每一天，我都真切地感到，两国人民的心灵越靠越近，两国友好合作之路越走越宽。作为驻土大使，我深感推动中土关系发展使命光荣，责任重大。我将同使馆和土方同事一道，开拓进取，砥砺奋进，推动两国友好互利合作和共建"一带一路"不断取得新成果，为两国共同发展繁荣的美好未来作出新贡献！

土库曼的民族精神和心灵家园

龚猎夫（中国前驻土库曼斯坦大使）

无论是旭日东升的清晨，还是明月皎洁的夜晚，漫步在阿什哈巴德街头，那整齐的道路、雄伟的楼台、华丽的喷泉、欢快的笑脸，无不令人流连忘返。如今的阿什哈巴德俨然是卡拉库姆沙漠边缘的一道风景线。不过，阿什哈巴德还有两个不容错过的地方，一个是充满土库曼民族奋进精神的总统马场，一个是蕴涵土库曼人心灵家园的马赫图姆库里纪念公园。

总统马场

到过土库曼斯坦的人都知道阿哈尔捷金马在这个国家的特殊意义和重要地位。在国徽中心，在钱币上，在城市雕像中，在电视画面上，到处都有阿哈尔捷金马的形象。在重大节日和喜庆的活动中，一定也少不了赛马这种传统项目。

在一次招待会上，我认识了总统马场场长。他对我说，你一定去马场看看，尼亚佐夫总统赠送给江泽民主席的阿哈尔捷金马还在马场。一个风和日丽的下午，我来到马场，在场长陪同下走向宽阔的草场。一匹马被牵着向我们走来。远看那马，体型矫健，步履安详；走近再看，毛色棕黄，光洁如缎，头部白唇平添一分英气，三只白蹄更有一番踏雪归来的神韵。场长拍拍那马说：你也拍拍并一起合影留念吧。2000多年前中国一位叫张骞的使者来到大宛地区，他是第一个见到这种马的中国人。2000年后你是近距离观赏这种马，拍过马头并与之合

龚猎夫大使夫妇在阿什哈巴德街头留影。

影的第一位中国人。我告诉场长,张骞是中国陕西省汉中市城固县人,那也是我的故乡。场长为这种历史巧合感叹不已,随即邀我去办公室喝一杯,以表达兴奋的心情。

三杯两盏过后,场长开始畅聊"马经"。中国人熟知的"汗血宝马"原产地在土库曼斯坦的阿哈尔州,故名阿哈尔捷金马。经中土两国历史学家、动物学家研究认定,中国史书称道的"大宛汗血马",就是来自土库曼斯坦的阿哈尔捷金马。这种马的特点是耐力好、速度快,对骑手意图反应敏锐,善于长途奔袭。现在,这种马在土库曼斯坦仅存3000余匹,非常珍贵。1986年在巴黎凯旋门杯比赛中荣获冠军的那匹马,当时售价值6000万美元。现在,每匹纯种马都建有家谱。这匹赠送江主席的马名叫"阿赫达什"(中译为"玉石"),系出名门望族。1945年苏联在莫斯科红场举行卫国战争胜利阅兵典礼时,总

2000年7月6日,尼亚佐夫总统陪同江泽民主席在总统府观看汗血宝马。左2为国务院副总理钱其琛,左3为龚猎夫大使。

指挥朱可夫元帅的坐骑就是这匹马的远祖。其曾祖母曾同雪豹打斗过三天三夜,最终两败俱伤。其祖父在1960年罗马奥运会马术比赛中曾获盛装舞步项目冠军。

我告诉场长,"汗血宝马"在中国几乎家喻户晓。几十年前在中国出土的一件汉代青铜文物——"马踏飞燕",后来被选定为我国旅游业的标志。据专家考证,"马踏飞燕"正是以"汗血宝马"为原型的艺术珍品。

谈话又转回到赠送江主席的"阿赫达什"。土库曼斯坦建国以后,尼亚佐夫总统曾将阿哈尔捷金马赠送给外国国家元首,作为国礼表达发展友好关系的良好愿望。我告诉场长,这匹马作为国礼赠送中国是太恰当不过了。"达什"同中文"大使"的发音完全一样,这是土库曼斯坦派往中国的友好使者,"马大使"呀!2000年7月,江泽民主席访问土库曼斯坦,会谈期间,尼亚佐夫总统命人将他第二次访华时允诺赠送江主席的"阿赫达什"牵到总统府的露台上,请江主席观赏。21世纪第一个马年(2002年),这匹马运抵北京。2006年尼亚佑夫总统访华时,又将一匹名叫"阿尔喀达葛"(中译为"靠山")的阿哈尔捷金马赠送给胡锦涛主席。这是一匹三蹄踏雪的黑色公马,两岁时1000米奔跑的成绩已达1分零6秒,在土国内比赛中,已获"六连冠"的美誉。2014年,土总统别尔德穆哈梅多夫将一匹一蹄踏雪、全身金色的宝马赠予习近平主席,作为中土友好的使者与两国世代友好的见证。

　　这里特别要提到的是别尔德穆哈梅多夫总统。他出身于"爱马世家",本人也是一位优秀的骑手,对马情有独钟。在他倡议下,2011年,土库曼斯坦成立了世界汗血宝马协会,他亲任会长。协会一方面开展对马产业的交流和研讨,一方面借此搭建对外交流的平台,传播土历史文化和人文传统,增加各国人民对土的了解。赠送"汗血宝马"已成为土进行公共外交的重要活动。2014年5月12日,世界汗血宝马协会特别会议暨中国马文化节在北京开幕,国家主席习近平出席并同别尔德穆哈梅多夫总统一道观看了马术表演。2011年,土总统别尔德穆哈梅多夫的专著《天马飞翔》中文版首发式在京举行。在该书序言中,他称"阿哈尔捷金马是我们的骄傲与荣耀"。此言不虚,确实表达了土人民的心声。

　　简单回顾土库曼的历史,在这片土地上,波斯人、马其顿人、突厥各分支、蒙古人、鞑靼人、阿拉伯人都先后建立过自己的政权,我国唐朝时也在此建立了都护府。从9世纪到11世纪,阿拉伯人势力衰退,土库曼民族逐渐形成,并在11世纪后兴旺发达起来,先后控制了今伊拉克、叙利亚、伊朗、阿富汗等地区,在印度也建立过自己的王朝。13世纪，大约在1293年，土一支部族首领率领族人一路向西进发，在现在的土耳其地区建立了强大的奥斯曼帝国。这是一个在马背上生活和战斗的民族。如今，新生的、独立的、中立的土库曼斯坦在别尔德穆哈梅多夫总统的领导下，在政治、经济、文化各方面都取得了巨大的成就。他们对自己经过几千年培育的阿哈尔捷金马有一种发自内心的热爱和自豪，视其为代表着奋发向上的民族精神，鼓舞着土库曼人民不断前进，取得更大的胜利。

马赫图姆库里纪念公园

独立之初，土库曼斯坦不但面临着复杂的国际形势，也急需解决国内的社会经济问题。土政府沉着但艰难地应对着这种局势。我在跟踪形势发展之余，还在想着另一个问题：这是一个不平静的地区，在几千年兴衰的历史长河中，在面对当前纷繁复杂的维护国家独立主权和经济发展的斗争中，支持这个民族自强不息的心灵家园又在哪里呢？

一个风和日丽的深秋的下午，我推开劳神的案牍，走出使馆去散步。当时，使馆一侧就是马赫图姆库里大街。这个名字我不熟悉但也不陌生。接到去土工作的任命后，在我调阅档案、查找资料的时候，马赫图姆库里的名字就曾在我眼前出现过。从此我便知道，他是联合国教科文组织认定的世界文化名人，一个伟大的诗人和思想家。沿街西行，有一座街心公园，向里望去，一座巨大的石像在蓝天白云和绿树映衬下格外庄严肃穆。这便是马赫图姆库里的纪念像。走到近旁，只见一位穿着土库曼长袍、头戴羊绒高帽、面容刚毅的硬汉侧坐在一方斗石之上，双眉紧锁，目光炯炯，默然地凝视着脚下的大地，仿佛正在构思他那充满哲理的诗篇，抑或正要向人们讲述他那深邃的理想。整个人像用粗犷的石料雕刻而成，线条明快刚劲。基座由几十块大小不同的粗石堆放在一起，自然天成，不着人工痕迹。这不愧是一件艺术杰作，古朴、

2010年上海世博会期间土库曼斯坦馆展出的马赫图姆库里和汗血马雕塑。（供图：中新社）

豪放、气度不凡，体现了诗人的风格和精神气度。几枝康乃馨散放在基座的乱石上，红艳活泼。那该是古老的诗歌在现代人心扉里撞击出的火花吧！这是我第一次走近马赫图姆库里。

我开始阅读他的诗歌，研究他的生平和历史背景，逐渐了解到，在18世纪，他那不朽的诗篇和光辉的思想，使他成为照耀土库曼大地乃至中亚草原的一颗巨星。土库曼斯坦独立以后，他的诗歌和思想受到前所未有的珍视，并在整个民族中发扬光大。在阅读土领导人的文章和同专家学者的交谈中我了解到，他们一致认为，马赫图姆库里的诗篇所映射的深邃哲理和民族精神是土政府方针政策的思想基础之一，他的法律原则和道德准则是土建立独立自主国家的依据，他所歌颂的理想和愿望则是国家制定发展规划的指南。他用自己的心灵来描写人民的生活,是土库曼民族崇高灵魂的象征。在他之前,从未有人如此深刻地理解土库曼人民的心灵,也从未有人如此坚信土库曼人民的神圣使命以及完成这一使命的能力。他的作品题材广泛,主题深刻。他的诗歌语言丰富,极大地提高了土库曼民族文学语言的水平。正因为如此,土库曼人民世代都将马赫图姆库里的诗篇珍藏在自己的心中。那些四处游荡的苦行僧和民间艺人,在宽广的大路和偏僻的小径,在热闹的集市和商队的帐篷里,在牧羊人的篝火旁,无不传颂他的诗篇和思想。

一天深夜,我又打开他的诗集,一行诗句"心灵呀!你召唤我飘向秦马秦",深深地吸引了我。我知道,在他的语句中,"秦马秦"就是中国。我掩卷而思,一个将他的诗篇介绍到中国去的动念就此萌生了。我想,交流两国人民千百年来的思想精华和民族真髓,在两国人民心灵深处产生碰撞、融合,一定会加强两国人民的了解,增加两国人民的友好往来和发展相互关系的愿望,从而相互同情、相互支持,

马场场长邀请龚猎夫大使与宝马合影。

记忆篇

阿什哈巴德郊外赛马场的"汗血宝马"（供图：中新社）

世世代代友好相处下去。动念一旦有了理性基础，就会变成强烈的愿望，也一定能找到渴求的机缘。我首先约见了米娜瓦尔女士，她是中央民族大学的博士，正在土国立马赫图姆库里大学专攻土库曼文学。我们相识已久，交流几分钟她就答应担当翻译的重任。不久，我又遇到中国港湾建设总公司驻莫斯科总代表李通生先生。他是驰骋国际市场的儒商，自己也有多部译著出版。我们一见如故，他爽快地答应帮忙并联系到人民文学出版社。后来，我在回国述职时，拜会了人民文学出版社社长聂震宁和多位领导。为增进中土人民的友谊，弥补国内尚无马赫图姆库里译著出版的空白，这家国内权威的出版社决定不计利润，以最好的质量、最快的速度出版这本诗集。接着，我又致函尼亚佐夫总统，向他报告了诗集中译本的出版计划和准备情况。在我的约请下，他欣然命笔，为中国读者撰写了一篇热情洋溢又内容深刻的文章，并表达了他对中国出版诗集由衷的赞赏。他的文章对于为中国读者解读

龚猎夫大使与放骆驼的老人交谈。

诗集也大有裨益。2000 年江主席访土时，这本中译诗集放在红木衬丝绒的匣内，作为国礼当面赠送给了尼亚佐夫总统。2014 年，马赫图姆库里诗歌的全译并双语对照本由中央民族大学出版社出版，他再次实现飞往"秦马秦"的心愿。

在中土几代领导人的关注和推动下，经过两国人民的不断努力，中土两国已建立起一座雄伟而坚固的友好大厦。两种马赫图姆库里诗集的出版，无疑是中土文化交流的盛事，为这座大厦又增添了一道绚丽的色彩。

我记忆中的尼亚佐夫总统

鲁桂成（中国前驻土库曼斯坦大使）

一

2003年9月，我被任命为中国驻土库曼斯坦大使。9月26日，土库曼斯坦外交部电话通知使馆：当天上午9点半，尼亚佐夫总统在总统府接受中国新任大使递交国书。

总统府位于阿什哈巴德市中心，是一座伊斯兰风格的雄伟建筑，金色圆顶在阳光下闪烁，四周是白色大理石墙面，显得洁净素雅。总统办公室位于二楼，很大。我在总统府礼宾官陪同下走进门时，尼亚佐夫总统正站在沙发前等候。这让我有些局促——应该是我先到，等候总统到来才是。更令我惊讶的是，今天是接受国书的仪式，总统却未着西服，而是穿白衬衫、深蓝色西裤，系蓝白色领带，夹着带国徽的领带夹。可是，看到他的轻松装束和自然的微笑，我的心情也马上放松了。

总统向我伸出手来，连声说"欢迎"。我快步上前，郑重地递上国书，按照程序转达胡锦涛主席对他的问候，因为他兼任内阁总理，我还一并转达了温家宝总理的问候。他连说几个"谢谢"，并让我转达他对胡主席、温总理的问候。

递交国书后，他请我去会议桌边坐下谈话。寒暄过后，总统很快将话题转到正题。他说：中国是一个伟大的国家，正在走向繁荣，中国人民在经济建设方面有着强烈的愿望和热情，奋斗目标明确，再经过几十年的努力，中国将进入世界先进国家的行列。土中之间没有任

2003年9月26日,鲁桂成大使在土库曼斯坦总统府向尼亚佐夫总统递交国书。

何复杂和困难的问题。土库曼斯坦支持中国的内外政策,支持中国的统一。土库曼斯坦人民感谢中国在经济方面对土库曼斯坦的支持。中方对土库曼斯坦帮助很大,中国公司提供的机械设备质量很好,技术也是第一流的。土库曼斯坦拥有丰富的油气储备,欢迎中国参与开发。

最后,总统鼓励我在土库曼斯坦大胆开展工作,特别是要促进两国在能源领域的合作,多做牵线搭桥的事情。

会见持续了一个多小时。谈话结束,我将从国内带来的礼品送他,这是一个绘有"一帆风顺"的精致双面绣,表达了对土库曼斯坦国家稳步发展的祝愿。他听了我的介绍后高兴地接受了,并回赠我土库曼斯坦国宝之一的地毯。

二

第二次见到总统是在 2003 年 12 月 12 日。那天是土库曼斯坦"中立日",尼亚佐夫总统按惯例宴请全体驻土外国使节。宴会一开始,尼亚佐夫总统简短致辞,感谢使节们一年来为促进双边关系发展所做的一切,感谢大家与土库曼斯坦首都人民一道见证了阿什哈巴德天翻地覆的变化。接下来由使节们祝酒,我是新到任的大使,被安排优先。我站起来,首先向尼亚佐夫总统再次转达胡锦涛主席和温家宝总理的问候,并提议为他的健康干杯。

尼亚佐夫总统拉我挨着他的旁边坐下,开始发表讲话。谈到中国时,他从长城说起,一直说到改革开放。最后,他举起酒杯说:"现在土中两国的合作搞得好,土中两国的友谊也好,让我们为土中两国友谊万古长青干杯!"

三

第三次见到总统是 2004 年 2 月 12 日,在中国对阿什哈巴德缫丝厂改造工程完工的剪彩仪式上。

仪式开始前,尼亚佐夫总统握着我的手说:"感谢中国朋友们的帮助,我们才建起了这样的工厂。感谢鲁大使的工作。"在彩带前,礼仪小姐递上了金色的剪刀,总统递给我一把:"大使先生先剪。"我连忙摇头说:"不,不,当然是总统先剪。""我们一起剪吧。"说完,他和我共同剪下了一块绿绸带。

剪彩仪式后,总统与我一道步入展厅参观中国丝绸展。他双手捧起一块下垂的丝织品,放在脸颊上轻轻摩擦,最后向我翘一翘大拇指没说话。在小礼堂,尼亚佐夫总统发表了热情洋溢的讲话。他说:在苏联时期，土库曼斯坦也有生丝加工企业，但由于设备落后，生产出的产品没有销路，只好堆在仓库里烂掉。前不久，我们用中国政府的优惠贷款和提供的设备改造了两个缫丝厂，产品质量很好。土库曼斯坦妇女特别喜欢真丝织品，所以我们还要同中国朋友进一步合作，新建一个丝绒厂。我听中国朋友介绍，他们那里一年可养三季蚕，可惜我们土库曼斯坦一年只养一季。我们要向中国朋友学习，至少可以养两季嘛。

尼亚佐夫总统讲完后，邀请我照相留念，脸上堆满了亲切的笑容。

四

此后，我与尼亚佐夫总统有过多次接触，时间最长、印象最深的是2006年4月他访华那次。

那次他访华共5天，而且带来阵容强大的访问团，共50人。内阁中，除了国防部长留在国内，其他所有的副总理、部长都跟着总统来到中国。他说，这是为了让他们实地学习中国改革开放的成功经验。

访华前夕，尼亚佐夫总统接受了中国记者的采访，阐述此行的特殊意义。他说，土中两国关系源远流长，古丝绸之路把中国同包括土库曼斯坦在内的中亚诸国联结在一起。中国是最早承认土库曼斯坦独立的国家之一，率先在阿什哈巴德开设了大使馆，并向土库曼斯坦提供了全面的帮助。对于土库曼斯坦来说，同伟大的中国发展双边关系有着特殊的意义。他期待着同胡锦涛主席等中国领导人进行会晤，为土中两国和两国人民的友谊探寻新的合作之路。土中两国在油气方面拥有很好的合作前景，双方正在研究从阿姆河右岸地区铺设一条到中国新疆的天然气管道的计划，中国公司也可以直接参与土库曼斯坦陆上现有天然气田的开采。在不久的将来，土中两国可以通过建立合资企业或产品分成方式解决油气合作问题。

2004年2月12日，在中国援助的阿什哈巴德缫丝厂改造竣工仪式上，尼亚佐夫总统与鲁桂成大使握手。

4月2日，尼亚佐夫总统抵达北京。3日下午，胡锦涛主席在人民大会堂东门外广场为他举行了隆重的欢迎仪式，随后在人民大会堂进行正式会谈。会谈开始前，尼亚佐夫总统向胡锦涛主席表示希望向他赠送一匹土库曼人视为国宝的阿哈尔捷金马。总统说，土中两国人民友谊源远流长，丝绸之路通过土库曼斯坦一直延伸到欧洲。早在公元前130年，中国的友好使节就曾出使土库曼，带回了国王送给中国皇帝的阿哈尔捷金马等礼物。遵循这一古老习俗，他这次也要送给最尊贵的朋友胡锦涛主席一匹阿哈尔捷金马。

胡主席很注意地听了尼亚佐夫总统友好的开场白，高兴地说：总统先生亲自向我赠送土库曼斯坦的宝马，体现了你本人和土库曼斯坦人民对中国人民的深情厚谊，反映了当前两国的良好关系，我本人深表谢意。中方有关部门将派工作组尽快与土方同行进行挑选马匹的工作。

两国元首就双边关系尤其是能源合作问题深入地交换了意见。尼亚佐夫总统说,土库曼斯坦在矿产、油气资源方面有巨大潜力,愿和中国朋友分享这些资源。胡主席说:能源合作对中土两国具有战略意义。去年5月,我们在莫斯科会晤时就建立中土天然气管道项目达成共识。今天,我们将亲自签署两国政府间的有关合作文件,这标志着双方在这一项目上的合作已正式启动。中土天然气管道项目的成功实施,将为两国共同繁荣、共同发展发挥重要作用。

会谈后,两国元首共同签署了《中华人民共和国和土库曼斯坦联合声明》和《中华人民共和国政府和土库曼斯坦政府关于实施中亚天然气管道项目和土库曼斯坦向中国出售天然气的总协议》。总协议规定:中方负责修建中亚天然气管道,并于2009年年底竣工投产,土方同意与中方共同勘探开采土库曼斯坦阿姆河右岸气田,每年向中方供气300亿立方米,期限为30年。

当天晚上,我去看望尼亚佐夫总统。他拉着我的手郑重地说:"这次两国领导人签署了协议,土库曼斯坦将向中国输送天然气,在国际上会引起一些人的震动,甚至有些人会不高兴。但只要对土中两国和两国人民有好处,我们就要毫不动摇地做下去,历史将证明我们的决定是完全正确的。鲁大使,今后无论遇到什么困难,我们一定要把这件事情落实下来!"

五

土方代表团在北京除了正式的会谈会见外,还安排了几场活动。

一场是4月3日上午在中国人民大学举行尼亚佐夫著作《鲁赫纳玛》第二部中文版的首发式。

尼亚佐夫总统十分重视精神道德的建设和培育土库曼人的民族自

豪感。他认为，一个国家除法律之外，还应建立道德标准，规范人们的言行。为此，他在1998年9月倡议并组织大批学者着手编写一部民族精神发展纲要——《鲁赫纳玛》（土库曼语，意为"精神道德论述"）。

《鲁赫纳玛》第一部2001年9月出版，3年后出版了第二部。该书被奉为"土库曼人的精神宪法"，它与民族独立、永久中立一同被尊为土库曼人民的三大思想支柱。《鲁赫纳玛》深入土社会生活各个层面，在土库曼斯坦社会生活中发挥着重要的作用。在总统访问期间举行《鲁赫纳玛》中文版首发式，充分体现了中国人民对尼亚佐夫总统和土库曼传统文化的尊重，土方对这场活动给予很高的评价。

另外一场活动是参观颐和园。4日上午，我陪同尼亚佐夫总统登上游船，泛舟昆明湖上。4月初的颐和园，到处北国初春生机盎然的景象。来自干旱土地上的土库曼斯坦客人被眼前宽阔的水面和周围美丽的建筑吸引，不时发出啧啧的赞叹声。

最后一场活动是参观中信集团。4日晚上，中信集团董事长王军举行盛大欢迎宴会招待土方代表团。土方代表团出发前通知我说，总统将不出席中信这场活动，请我代表他向王军董事长祝一杯酒，并转达他的话说，"中信集团是中国的一个大公司，在改革开放的初期是立了大功的，这个公司的实力很强，信誉很好，是土库曼斯坦信得过的公司。祝愿王军董事长和公司的全体员工身体健康，祝公司兴旺发达！"总统委托外国大使代表自己讲话，这就不是外交，而是真正相互信任的"私交"了。我欣然接受了这个打破外交惯例的光荣任务。

当晚的招待会上，在王军董事长热情洋溢的讲话之后，我站起来致辞："尊敬的王军董事长，尊敬的中国朋友们，我现在代表尼亚佐夫总统，代表土库曼斯坦代表团，感谢……"我先用俄文讲一段，再用中文讲一遍。我的讲话一次又一次被热烈的掌声打断。

六

尼亚佐夫总统还访问了上海和浙江。

4月5日上午，土方代表团抵达上海，入住西郊宾馆。下午，土方代表团参观了中兴通讯公司上海研发中心、东方明珠电视塔、上海城市规划展览馆。晚上，上海市负责同志会见并宴请土库曼斯坦代表团。

当晚，尼亚佐夫总统在西郊宾馆的院子里给在华工作的土库曼斯坦人和留学生讲话。当时还是初春，晚上的气温比较低，风又大，其他人都穿着夹大衣，可尼亚佐夫总统只穿了一件单薄的短袖衬衣站在瑟瑟的冷风中。我真有些担心，便脱下身上的夹大衣，快步走上前去，将它披到尼亚佐夫总统肩上。他没有看我，继续讲他的话。当晚，土库曼斯坦外长梅列多夫来送还我的大衣时说："总统先生非常感动，他让我转达他对你的诚挚谢意。"他还告诉我，我的举动感动了当时所有在场的土库曼人。

七

2006年12月21日上午，土库曼斯坦电视台发布了尼亚佐夫总统病逝的公告。当天晚上，胡锦涛主席向土库曼斯坦代总统别尔德穆哈梅多夫致电表示哀悼。唁电中说：尼亚佐夫总统生前为中土友好合作关系的发展作出了突出贡献。他的逝世，不仅是土库曼斯坦人民的巨大损失，也使中国人民失去了一位真诚的朋友。

12月23日，唐家璇国务委员作为胡锦涛主席特别代表，到土库曼斯坦出席尼亚佐夫总统的葬礼。

12月24日是向尼亚佐夫总统遗体告别的日子。仪式开始前，下了一整天的雪雨戛然停止了。天很冷，首都居民顶着寒风从四面八方

2006年12月24日,中国国家主席特使、国务委员唐家璇出席尼亚佐夫总统遗体告别仪式。唐家璇在留言簿上写道:"尼亚佐夫总统是土库曼人民的伟大领袖,他为推动中土两国的友好合作关系作出了卓越贡献。中国人民将永远缅怀他。"

云集到总统府,身着素服,双眼噙着泪水,手持鲜花,迈着沉重的脚步,默默地排队向尼亚佐夫总统作最后的告别。

后来,梅列多夫外长向我转达了别尔德穆哈梅多夫代总统对中国政府的感谢,称中国政府在土库曼斯坦最艰难、最痛苦的时刻给予了土库曼斯坦人民极大的同情和支持。他说:"中国代表团在凛冽的寒风中站立了近3小时,陪同我们按照穆斯林的习俗完成遗体下葬的所有程序,令我们十分感动。这再次体现出中国领导人和中国政府对尼亚佐夫总统的尊重、中国人民对土库曼斯坦人民的深情厚谊。土库曼斯坦人民和尼亚佐夫总统的家属对此深表感谢。"

参加完尼亚佐夫总统的葬礼,我在土库曼斯坦国家电视台发表了一次讲话,深情地缅怀土库曼斯坦人民的伟大领袖。我说,尼亚佐夫总统是中国人民的真诚朋友,是中土两国友好合作关系的缔造者之一,为中土友好关系的发展作出了突出贡献,中国人民将永远怀念他。中方愿意通过双方的努力完成尼亚佐夫总统生前未竟的事业,实现其愿望,造福于两国人民。

八

2008年9月,我转任驻白俄罗斯大使。虽然离开了土库曼斯坦,但我依然关注着那片我曾经工作过的土地,特别是关注中土天然气合作项目的进展。我欣喜地看到,在别尔德穆哈梅多夫总统领导下,土库曼斯坦继续沿着独立、中立的道路,全力发展国民经济,和中国在各领域的真诚合作也不断深入。中土天然气管道建设捷报频传,天然气合作取得了重大进展。

2009年12月14日,中国国家主席胡锦涛、哈萨克斯坦总统纳扎尔巴耶夫、乌兹别克斯坦总统卡里莫夫受土库曼斯坦总统别尔德穆哈梅多夫邀请,飞抵土库曼斯坦土库曼纳巴特市,参加中国—中亚天然气管道通气仪式。四国元首共同开启阀门,土库曼斯坦的天然气经乌兹别克斯坦、哈萨克斯坦源源不断地输往中国。管道的建成也给中亚各国人民带来实实在在的利益,是互利共赢的典范之作。

我虽然没能参加通气仪式,但却能感到这条能源大动脉有力的跳动。在土库曼斯坦这片热土上,生活在继续,社会在发展,人民在别尔德穆哈梅多夫总统的领导下,不断创造新的业绩。希望有一天我能再到土库曼斯坦去,看看那里日新月异的变化。

穿越丝绸之路的汗血马传奇

周晓沛（中国中亚友好协会副会长，前驻哈萨克斯坦大使）

在中国几千年万马奔腾的历史长河中，一马当先、出类拔萃之马，可能要数闻名遐迩的汗血宝马了。

上世纪70年代，我在驻苏联使馆工作时，就听说过中亚的土库曼产有著名的阿哈尔捷金马，即我国史书记载的"汗血马"，但一直未能前往寻访。苏联解体后，我有机会两次去土库曼斯坦，终于得以亲眼见证。

土国国宝阿哈尔捷金马

1992年1月，我随同中国政府代表团访问中亚，第一次来到新独立的土库曼斯坦。那次访问的主要任务是与原苏联各国谈判建交，一天一个国家，日程非常紧张，连上街观光的时间都没有。

在交谈中，对方主人言必称他们引以为自豪的两件国宝：一是"世界上最好的马"——阿哈尔捷金马，不仅形体美、速度快，而且通人性，土库曼人祖先花了数千年时间才培育形成；二是"地球上最好的地毯"——土库曼地毯，深红色手工毛织，基础图案全由艳丽的玫瑰花纹组拼，蕴涵着突厥人的审美情趣。无论在宾馆走廊，还是礼仪大厅，到处可见土库曼民族特色的地毯、挂毯和精美的阿哈尔捷金马油画。临别时，土库曼斯坦总统亲手向我们代表团每个成员赠送一块他们的国宝地毯，以表达对中国政府最早承认其独立并最早建立外交关系的谢意。

此行 13 年之后，我再次来到土库曼斯坦，终于有幸见到了心仪已久的阿哈尔捷金马。那是 2005 年，当时我在哈萨克斯坦工作。按照惯例，我们驻中亚各国使节定期在阿拉木图聚会，就地区形势及相关工作交换看法。我很想借机看看阿哈尔捷金马，便提出在土库曼斯坦开会，这样也有点新鲜感。这个动议得到大家的一致赞同。

虽然已是秋季，但土库曼斯坦天气仍十分炎热。独立十几年来，该国经济发展较快，社会政治稳定，居民生活水平提高，城市建设也很有现代风格。首都阿什哈巴德有宽敞的柏油马路、清一色乳白大理石贴面的高楼大厦，看起来相当壮观。位于市中心的英俊神武、形态各异的阿哈尔捷金马雕塑，则是首都的标志性建筑。

在完成会议的正式日程之后，东道主鲁桂成大使组织兄弟馆的同事去阿什哈巴德郊区参观土库曼斯坦的两大国宝。在一个农村的家庭作坊里，我们仔细观看了地毯传统编织的全过程。纯朴的土库曼姑娘还让我们坐到跟前，手把手地教授怎样穿线织花。随后，我们就去参观邻近的养马场。

养马场主人是使馆的老朋友，因为国内来的代表团几乎都要提出看汗血宝马。主人听说有五位中国大使前来参观，特意作了精心安排。先是到马厩，尽管主人一再招呼，我们还是与马匹保持距离。鲁大使悄悄地跟我咬了一下耳朵，说阿哈尔捷金马很温顺，不会踢人的。出于礼节，我壮了壮胆，带头走近围栏。站在我面前的是一匹浑身乌黑油亮的公马，拥有轮廓美丽的头颅和天鹅般优雅的脖颈，毛色在灯光下像绸缎一样呈现色阶变化，真不愧为"最具美感的马"。它朝着我迎了一步，友善地扬起脖子，转过脸来，做出可爱的接吻状。一下子，大家都乐开了，纷纷上前抚摸亲热，并拍照留念。然后，我们来到客厅，一边喝着热腾腾的奶茶，一边津津有味地听着主人娓娓道来。

土库曼有句俗语："早上起床后先给父亲请安，之后给马儿请安。"这形象地反映了马在家庭中的地位。小马驹出世后，像孩子一样被正

2005年9月,中国驻中亚五国大使会聚阿什哈巴德。左起:驻塔吉克斯坦大使李惠来、驻吉尔吉斯斯坦大使张延年、驻哈萨克斯坦大使周晓沛、驻乌兹别克斯坦大使高玉生、驻土库曼斯坦大使鲁桂成。

式命名,因此每匹阿哈尔捷金马都有自己的名字,其后代则叫儿子、女儿、孙子、重孙等,并有世代家谱。在悉心喂养的过程中,马儿受到主人全家老少的呵护和疼爱,始终与人类保持着亲密接触,因而也渐渐变得通人性了。当主人有难时,它总会挺身相救。

  被誉为"贵族血统"的阿哈尔捷金马是世界上最古老的马种之一,原产于土库曼境内科佩特山脉和卡拉库姆沙漠之间的阿哈尔绿洲,由当地的捷金部落培育而成。阿哈尔捷金马至今已有3000多年驯养历史,是人工饲养时间最长的马种,与阿拉伯马、英国纯血马同为世界三大纯种马。目前,该国拥有70种同血系纯正阿哈尔捷金马。其常见毛色有淡黄、枣红、银白及乌黑等,体高一般为1.5米左右,皮薄毛细,四肢修长，步伐轻灵高雅，体型纤细优美，再衬以弯曲高昂的颈部，勾画出完美秀丽的流线。阿哈尔捷金马具有适应沙漠干热气候的特性，在长途骑乘中表现出良好的速度和耐力。正是由于这些卓越的特性，阿哈尔捷金马在国际市场上售价昂贵，通常每匹达几十万美元。目前，全世界共有阿哈尔捷金马6000余匹，其中土库曼斯坦3000多匹、俄罗斯2000来匹，另有1000匹分布在世界各大洲其他国家。

参观的重头戏是训练场。主人牵过一匹浅黄色、脸上带有白花纹、四腿墨黑、蹄子雪白的马儿，马背上披有一块精致的红毛毯。他飞身上马，扬鞭疾驰，绕场跑了几圈后到我们面前戛然而止，马的前半身腾空仰立，好不威风！接着，殷勤的主人让我们亲自上马体验。我正好跃跃欲试，于是穿上特制的大红袍，戴上白色羔皮帽，在主人帮护下，战战兢兢地坐上马背，先是由他陪着缓缓地走了一圈，然后按其提示轻拉缰绳，双腿一夹，马儿就乖乖地小跑起来，果然名不虚传，我骑得十分平稳、舒适、潇洒，感觉真是爽极了。后来，我在出版外交回忆录《中苏中俄关系亲历记》和《外交官是怎样炼成的》时，还专门将骑着汗血马的照片作为插图附上。

天马西来传奇及汗血之谜

据《史记》记载，张骞出使西域归来说："大宛多善马，马汗血。"故在我国，2000多年来这种马一直被称为"汗血马"。公元前112年，敦煌有人将一匹汗血马献给汉武帝。武帝大喜，将其称为"天马"，并作歌咏之："太一贡兮天马下，沾赤汗兮沫流赭。骋容与兮跇万里，今安达兮龙为友。"武帝爱马心切，遂派百人使团带一套纯金制作的马具前往大宛国，欲以重礼换取汗血马种马。可是，大宛国王不仅拒换，还在归途中"杀汉使，取其财物"。武帝闻之大怒，下令武力夺马，并为此发生两次战争。

公元前 104 年，汉武帝命李广利为贰师将军，率骑兵数万人西征，但败退敦煌。三年后，汉武帝再次命李广利率军出征，还带了两名相马专家，以备攻破大宛后挑选良马。这次大宛国因内讧而议和，允许汉军自行选马，并承诺以后每年向汉朝进贡两匹良马。汉军选汗血马 3000 多匹，经长途跋涉，回到玉门关时仅剩 1000 余匹。引进汗血马的汉朝骑兵，战斗力大增。传说一次与敌军作战中，敌方人数众多，而汉军骑汗血马上阵，驯养有素的汗血马以为这是表演的舞台，兴奋地做起舞步姿势。敌方矮小的蒙古马，见汗血马高大、奇特，竟不战自退。

唐朝时，中原与西域诸国的关系更加密切。公元 647 年，奥古什—卡拉乞达人赠给唐太宗一批阿哈尔捷金马。太宗从中选出 10 匹，封之为"千里马"。天宝三年（744 年），唐改大宛为宁远，并将义和公主远嫁宁远国王。对方献上两匹"胡种马"（即汗血马），唐玄宗取其名为"玉花骢"和"照夜白"。这两匹马还被画进唐代名画《照夜白图》和《玉花骢图》。对这两幅画，杜甫在《丹青引》一诗中批评宫廷画家韩幹把马画得太肥，责其"画肉不画骨"。但也有人为其辩解道，唐玄宗的御马有专人喂养，又很少活动，所以膘厚肉肥，画家不过是写真、写实罢了。

据查，自古以来，对汗血马描述得最为形象逼真，可谓达到出神入化的，要数一生爱马的李白了。这位唐代大诗人出生于西域碎叶城（今吉尔吉斯斯坦托克马克），晚年时写下绝唱《天马歌》，诗曰："天马来出月支窟，背为虎文龙翼骨。嘶青云，振绿发，兰筋权奇走灭没。腾昆仑，历西极，四足无一蹶。鸡鸣刷燕晡秣越，神行电迈蹑慌惚。天马呼，飞龙趋，目明长庚臆双凫。尾如流星首渴乌，口喷红光汗沟朱……"

汗血马从汉朝进入我国一直到元朝，还是一代天骄成吉思汗的坐骑，也成为蒙古大军横扫欧亚大陆的主要战马，曾兴盛上千年，后来

唐代名画《照夜白图》(供图:FOTOE)

却消失无踪。有说法认为,汗血马速度快,但体形纤细,负重力和耐寒力差,这是被弃用而消亡的一个重要原因。此外,还有诸如疫病、血统失纯和自然退化等因素。1950年,为改良骑兵部队的马匹,我国从苏联引进阿哈尔捷金马种马,其中52匹饲养在内蒙古锡林郭勒牧场。但因当时未能建立一套谱系管理制度,任其自然繁殖,导致纯种马失传。

至于汗血马是否真的"汗血",迄今各国专家众说纷纭。据史书所说,汗血马奔跑时,脖颈部位流出的汗中有红色物质,鲜红似血,因此被称为"汗血马"。而美国汉学家德效骞(Homer Hasenpflug Dubs)在《班固所修前汉书》中将"汗血"解释为"马病所致",认为有一种存活于马臀部和脊部的寄生虫能钻入皮内,使马皮在两小时内就会出现往外渗血的小包。此观点得到部分外国专家认同,但现代科学对这种寄生虫尚知之甚少。另有一些学者依然坚称,阿哈尔捷金马在快速奔跑时体温上升,使得少量血浆从毛孔中渗出,因而出现这种"汗血"现象。土库曼斯坦养马专家则有自己的见解,认为阿哈尔捷金马皮肤较薄,奔跑时血液在血管中流动容易被看到,加之马肩部和颈部汗腺发达,特别是枣红或栗色的马,出汗后局部颜色会显得更加鲜艳,给人以"流血"的错觉。

象征传统友谊的无价之宝

"我不会称呼你为马,我只会称你为兄弟,对我而言,你比兄弟还珍贵……"这是土库曼不朽的史诗《奥古斯纳马》中的名句。土国人民对阿哈尔捷金马的热爱和崇拜凝入血液,已成为其民族精神不可分割的重要部分。作为国家象征,阿哈尔捷金马被绘制在国徽中央和货币上。

土库曼斯坦首任总统尼亚佐夫曾指出,重振阿哈尔捷金马在世界上的荣耀,是立国后的首要任务之一。现任总统别尔德穆哈梅多夫强调,诞生于土库曼大地上的阿哈尔捷金马,是令人惊奇的和谐、美轮美奂的优雅和完美无缺志向的象征,在土库曼斯坦历史中占有独特地位,也在悠久的土中交往史中留下佳话,深受中国人民喜爱。他还亲自编写了《阿哈尔捷金马——我们的骄傲和荣耀》一书,译成包括中文在内的多种文字在各国出版,积极推动阿哈尔捷金马走向世界。

土库曼斯坦总统曾先后三次向我国领导人赠送珍贵的阿哈尔捷金马。在中国公众视野中消失了千年的神秘之马、梦幻之马,从它的故乡穿越古丝绸之路,再次来到友好的邻邦。这是中土两国人民和平、友好、合作的美好象征。

2013年初,当得知安置在天津市武清区中牧汗血马繁育中心的阿哈尔捷金马已成功配妊,即将有纯种小马降生时,我心中萌生出一个念头——为什么不去亲自探访一下近在咫尺的神奇宝马呢？

在春暖花开之际，我和夫人专程从北京来到天津武清。养马场就在北京和天津之间的廊坊附近。中心负责人赵凤龙总经理一听是外交部客人，而且有宝马情结，十分热情地接待了我们，并详细介绍了相关情况。该中心占地近2000亩，基础设施齐全，拥有高级兽医师、畜牧师、调训师等专业人才，还有马医院。陪同我们的刘副总经理本人就是国内顶级马业行家，与马打交道已有40多年，曾前往国外考察了数十个汗血马中心。

为了驯养好宝马，从属于中国农业发展集团总公司的繁育中心配备专业团队负责照料，拥有专用马厩舍、马房和训练活动场所。土库曼斯坦驻华大使来参观后，对这里的环境和条件感到满意。为使汗血马能在国内繁衍纯种，2011年公司从国外引进13匹纯种母马。除2匹年龄还小，可配种的11匹中已有10匹怀孕。就在不久前，4匹小马驹已顺利降生，最小的才一个星期，还带着一身胎毛，十分淘气。可惜的是，有一匹母马流产。母马怀胎期为11个月，小宝宝生下4个小时后就能自己站立起来。听完介绍后，我们迫不及待地前往马厩一睹汗血宝马的真容。

我们见到的两匹马都各有中外文名字。"阿赫达什"，意为"玉石"，1994年出生。除3条腿白色外，全身黝黑，脸部有3处白花纹，是马类中少有的"乌云踏雪"马。这匹马是1998年土库曼斯坦总统访华时向江泽民主席赠送的，其身世显赫：祖父是苏联元帅的坐骑，1945年胜利日时朱可夫就是骑着那匹马在红场检阅部队的；父亲在1995年国际马匹速度赛中夺魁，身价高达1000万美元；叔父曾在奥林匹克盛装舞步马术比赛中摘金。为了顺利迎回这匹宝马，中心还派专家组前往土库曼斯坦实地考察，并于2001年租了一架伊-76运输机运回国内。

"阿尔喀达葛"，意为"靠山"，2001年出生。它体形修长，高1.61

周晓沛夫妇与汗血宝马"阿赫达什"亲密接触。

米,身长 1.62 米。身上毛色纯黑,三腿雪白,额头正中有一块菱形的白色花纹,长得很帅气。有意思的是,土库曼人认为三腿白色的马为好马。这匹马是 2006 年土库曼斯坦总统访华时向胡锦涛主席赠送的,其战绩辉煌:2 岁时平地 1000 米速度纪录达到 1 分零 6 秒,曾在全国速度赛中 6 次荣获冠军。经过 6 年多时间精心培育,该马已从青年健康地步入壮年,生育能力强,遗传性稳定。目前该中心的母马怀的都是"靠山"的后代。

  参观结束后,范广成董事长表示,这里除马匹资源和养马设施外,交通便利,还拥有草地、河流、湖水、垂钓乐园、果蔬采摘园等资源。"汗血宝马文化交流中心"已经立项,他们准备围绕宝马主线,以汗血马为载体,以田园风光为特色,加强基础设施建设,构建马产业链服务体系,打造国内乃至国际一流的文化交流平台。

马年送马增情谊

2002年，土库曼斯坦总统首次向中国领导人赠马，那年正好是马年。2014年又逢马年，别尔德穆哈梅多夫总统亲自将汗血宝马赠送给习近平主席。

2014年5月，应中国国家主席习近平邀请，土库曼斯坦总统别尔德穆哈梅多夫来华进行国事访问。习主席与别尔德穆哈梅多夫总统共同出席在人民大会堂举行的世界汗血马协会特别大会暨中国马文化节。习近平接受了别尔德穆哈梅多夫赠予中方的一匹汗血马。习近平表示，汗血马是享誉世界的优良马种，是土库曼斯坦民族的骄傲和荣耀。中国人民喜爱汗血马，将之誉为"天马"。早在2000多年前，天马就穿越古老的丝绸之路，不远万里来到中国。中土建交以来，土方先后两次将汗血马作为国礼赠送中方，增进了两国人民感情。汗血马已经成为中土友谊的使者和两国人民世代友好的见证。

紫禁城太庙赠马仪式的见证者这样描述那庄严的一幕：别尔德穆哈梅多夫总统突然一挥手，身披黄金马鞍和宝石装饰的"普达克"被骑师带到两国元首面前。习主席高兴地接过了象征马匹所有权的缰绳和马鞭。

继前两年主编《中国和俄罗斯的故事》和《中国和哈萨克斯坦的故事》之后，我又应吴虹滨大使之约，为2017年准备出版的《中国和土库曼斯坦的故事》撰文。当我动笔撰写汗血马传奇一文，写到土国总统向我国领导人赠送第三匹宝马时，突然好奇心发作：宝马来京已定居两年，现在情况怎样，有无小马驹出世？带着这些问题，我专程走访了中国马业协会国际友谊马场。

该马场位于北京西南的房山区，紧挨着六环路。到马场后，我向接待人员讲明了来意，并强调本人是汗血马的"粉丝"。刚进马厩，

2014年5月12日,中国国家主席习近平在北京人民大会堂东门外广场举行仪式,欢迎土库曼斯坦总统别尔德穆哈梅多夫访华。(供图:中新社)

我就问:"国礼马的官邸是哪一间?"他们答:"这儿住的都是国礼马,包括阿根廷、蒙古、吉尔吉斯斯坦等国领导人赠送的良马。"我说:"我要看的是土库曼斯坦总统赠送的汗血马下榻的官邸。"他们指了一下前面的一块牌子,说那里就是它的马房。只见在围栏门口左边挂着一块身份证木牌,用中、土、英文写成,该马的名字叫"普达克",意为力量、源泉。上面还记载了其父母、祖父母和外祖父母的出生年份、毛色等家谱资料。马房4米见方,简朴整洁,没有任何豪华陈设,只是在水泥地上铺了些许干草。

离开马房后,我们径直前往宝马圈养地。与以前不同的是,此处围栏并非木材,而是用白色的 PVC 材料制作。饲养员说,因为马儿为雄性，没有伴，易感孤单烦躁，有时会冲撞围栏，所以采用有弹性的材质，可避免马体受伤。当我们走向围栏时，那匹金黄色的汗血马老远就快步迎上前来。

"普达克"浑身一片金黄，毛如细绒绸缎，四腿墨黑，右后蹄为白色，被马业人士称为"一蹄踏雪"。它生于2010年1月29日，身世不凡，是名马"亚纳尔达克"的远房后代。那匹名马也是金黄色，体型优美，奔跑神速，有着辉煌的比赛成绩，是土库曼斯坦国徽中央阿哈尔捷金马的原型。在2—9岁间，它参加31次比赛，曾26次夺冠。

饲养员对我说，"普达克"很喜欢吃苹果，可以亲手喂它。见我从盛放"零食"的桶里掏出苹果时，"普达克"便主动将头伸出围栏。我接连喂了三块，它敏捷地用舌头一舔，"咯吱"几下全都下肚了。它显然很满意，驯服地看着我，并将脸贴了过来。有人在旁边说："大使，你可以亲它一下。"我没敢，只是用手轻轻地抚摸了几下它的鼻子和下巴。这时，我夫人"咔嚓"一下抢拍了这个亲密的镜头。

饲养员是青岛农业大学动物系马科学专业的大学生，自称为马工，他详细介绍了普达克饮食方面的情况。汗血马喜欢吃"零食"，主要是苹果和胡萝卜，清脆多汁的苹果是其最爱。主食分粗料和精料，前者是新鲜的羊草、燕麦草和苜蓿，后者为燕麦、麸皮、黑豆及食用油、盐，还有钙粉等添加剂，需要补充蛋白和维生素。我不禁感叹道："营养还真丰富！"我问："'普达克'什么时候会有小宝宝？"马工答："它还小呢，两年以后才能考虑配种问题。"我说："待小马驹问世时，我们再来探望。"

现代丝绸之路新使命

2000多年前，我们的祖先开辟了一条横跨欧亚、绵延万里的伟大的丝绸之路。"驼铃声声，马蹄阵阵，东来西去之使者，往来不绝",这是古代丝绸之路的生动写照。中国的丝绸、茶叶、瓷器等源源不断地运往波斯、大食等域外的城市,西域的胡椒、胡桃、胡萝卜、胡马等物产也通过丝绸古道流入我国的千家万户,为中西方带来了空前的繁荣。丝绸之路不仅是一条经贸之路,更是一条文化之路,各类文明汇聚此道,以其包容互鉴的精神发展了世界文化的多样性。千百年来,在这条古老的丝绸之路上,各国人民共同谱写出千古传诵的友好篇章。

古丝路历经沧桑,绵延至今,并被赋予新的时代内涵。如今,"丝绸之路经济带"正承载起新的历史使命。近20多年来,随着中国同中亚国家关系快速发展,跨越时空的现代丝绸之路日益焕发出新的生机和活力。土库曼斯坦总统作为国礼赠送的汗血马抵达中国后,受到国内广泛关注,也引起一股"汗血马热",成为中土两国和两国人民传统友谊的永恒象征。我想,随着中国版纯种小汗血马的诞生和成长,汗血宝马的传奇故事必将增添精彩的一页。

汗血马作为中土两国友谊的形象大使,其历史意义正如曾亲自见证土国赠马这历史性一刻的贺国安参赞在其词作《浪淘沙》中所赞颂的那样:"宝马盛名扬,天下无双。嘶风穿漠越八荒。骏影蹄声终远逝,寻迹何方?中土善缘长,共历沧桑。丝绸古道久流芳。更喜名驹馈华夏,再续辉煌!"

土库曼斯坦首任总统的中国情

殷松龄（中国国务院发展研究中心欧亚所研究员，前驻土库曼斯坦大使）

中国同土库曼斯坦的友谊源远流长。早在2000年前，古老的丝绸之路已将两国人民紧密地连接在了一起。土库曼斯坦于1991年独立，首任总统萨帕尔穆拉特·尼亚佐夫特别重视发展同中国的关系。很荣幸，他首次访华时我就参与了接待工作；1996年至1998年，我又出任中国驻土库曼斯坦大使，同他有过无数次近距离的接触，深感他对中国的一往情深。

萨帕尔穆拉特·阿塔耶维奇·尼亚佐夫总统1940年2月19日生于阿什哈巴德市。其父1942年在卫国战争中阵亡。其母与尼亚佐夫的两个兄弟在1948年大地震中遇难。尼亚佐夫8岁即成为孤儿，进入儿童福利院，后以优异的成绩中学毕业，进入列宁格勒工学院学习，于

1998年2月，殷松龄大使到总统官邸拜会尼亚佐夫总统。

1967年毕业，成为一名发电站的动力工程师。曾任阿什哈巴德市委第一书记。1985年被任命为土库曼共和国部长会议主席，同年12月当选为土库曼共产党中央委员会第一书记，曾任苏共中央政治局委员。1990年1月当选为土库曼最高苏维埃主席，在他的领导下通过了国家独立自主宣言，同年10月27日当选为土库曼斯坦第一任总统。尼亚佐夫爱好历史、哲学、诗歌和音乐。他是土科学院院士，政治、经济学博士，中国人民大学名誉教授。他的著作被译成中、俄、英、法等国文字。他知识渊博，善于言辞，待人亲和，思想敏锐，富于幽默感。

借鉴中国经验，制定建国纲领

对于一个刚刚建国的总统来说，摆在尼亚佐夫面前最重要的任务是选择独立自主的发展道路。中土两国1992年1月6日建交，尼亚佐夫总统于同年11月就对中国进行了第一次国事访问。我作为外交部欧亚司参赞有幸参加了接待工作。这次访问为两国人民的友谊和互利合作关系掀开了新的一页。尼亚佐夫总统与时任中共中央总书记的江泽民进行了深入交谈。江总书记在介绍我国国情时谈到，没有国家的稳定就谈不上经济发展。尼亚佐夫总统一回国就为土库曼斯坦的发展制定了《十年稳定纲要》。以后，他还在许多场合多次提到，《十年稳定纲要》是在同江泽民的谈话中得到启迪而制定的。他在欢迎乌克兰总统库奇马访土的宴会上说："21世纪是中国的世纪。我国的《十年稳定纲要》就是借鉴中国的经验而制定的，现在已取得了积极的成果。我们将共同努力发展两国友好关系。"

把中国大使当成自己的朋友

1996年6月26日，我向尼亚佐夫总统递交了国书。一般礼节后，他约我在办公室进行了一个多小时亲切、友好、深入的谈话。他介绍了土库曼斯坦的发展，提出复兴丝绸之路将为两国的互利合作开辟广阔的前景，以及土中天然气管道建设等。当天中午和晚上，土电视台以头条消息作了报道。土主要报纸《中立的土库曼斯坦》在头版刊登了相关照片和江泽民主席签署的国书。

同年9月，土召开人民委员会和民族复兴运动联席会（类似中国全国人大会议），邀请各国驻土使节参加。期间，尼亚佐夫总统会见了使节并进行了简短的谈话，他问我："生活上适应了没有？以后有什么事都可以找我。"简短的问候，让我感到温暖和亲切。10月27日，土隆重庆祝独立5周年。在国宴上，没想到尼亚佐夫总统又要我即席发表讲话。总统在介绍我时说："现在请我的朋友、伟大的中国的代表殷松龄大使讲话。他的名字同俄语的胰岛素同音（俄文胰岛素为инсулин），是带给人们健康的。"

一位国家元首，面对出席宴会的数百贵宾称我为朋友，是我极大的荣幸。我知道，这绝不仅仅是对我说的，而是他对中国表达的友好情谊。

江泽民：他坦率真诚，值得深交

1998年8月31日至9月4日，尼亚佐夫总统对我国进行了第二次国事访问。此前不久，我刚刚离任回国。再次见到总统是在8月31日晚江泽民主席为他举行的欢迎宴会上。当江主席和尼亚佐夫总统入场时，总统向我点头示意（我坐第四桌）。宴会结束离开时，我又同他握手告别。没想到江主席让钱其琛副总理、张德广副外长和我加上即将赴任的新任驻土大使龚猎夫留下来去会客室谈话。江主席介绍了同尼亚佐夫总统在宴会上的谈话内容，说："同总统谈得很深，他介绍了苏联解体前前后后的经过，很坦率、真诚，给我留下深刻印象。

2000年7月，中国国家主席江泽民对土库曼斯坦进行国事访问。在6日下午的欢迎大会上，尼亚佐夫总统向江泽民主席赠送介绍土库曼斯坦的书籍。（供图：中新社）

这个朋友值得深交。"并要现场担任翻译的朴扬帆同志整理出来印发有关单位。

2000年7月，江泽民主席对土库曼斯坦进行了首次国事访问，受到尼亚佐夫总统最高规格的接待，3000多各界代表参加欢迎大会。尼亚佐夫总统和江主席发表了热情洋溢的讲话，盛赞中土友谊。同年12月，我应邀出席土库曼斯坦中立5周年的庆典和国际研讨会时再次见到尼亚佐夫总统。他在总统府会见各国来宾时只是握握手，但当走到我身边时破例讲了一段话，特别提到江泽民主席的访问十分成功，此访是土人民生活中的一件大事，是中国领导人对土的极大重视。

2006年4月3日,中国国家主席胡锦涛在北京人民大会堂与土库曼斯坦总统萨帕尔穆拉特·尼亚佐夫举行会谈。(供图:中新社)

积极倡导中土天然气领域合作

  两国关系友好,更在务实。早在土库曼斯坦独立之初,尼亚佐夫总统就提出向中国输出土天然气的倡议。在他首次访华后,中、日、美石油天然气公司开始对建设土—中—日天然气管线进行可行性技术论证。但由于种种原因,这项工作进展缓慢。直到2006年4月,尼亚佐夫总统最后一次访华期间,同胡锦涛主席签署了《中土联合声明》,并签署建设土—中天然气管道的协议,最终将这项工程确定下来。

2007年7月17日,中国国家主席胡锦涛在北京人民大会堂与来华访问的土库曼斯坦总统别尔德穆哈梅多夫共同签署了中土关于进一步巩固和发展友好合作关系的联合声明,并出席了两国经济技术、能源、教育等领域双边合作文件的签字仪式。(供图:中新社)

值得庆幸的是,新总统别尔德穆哈梅多夫继承了首任总统的遗愿,同样十分重视对华关系。2007年7月他首次访华时,与中国领导人共同重申了这一项目的重大意义。他还多次强调"对华友好是土库曼斯坦的既定方针,长期不变",并亲自主持了中土天然气管道工程开工仪式。经过各方共同努力,只用了两年多的时间,世界上最长的天然气管道中国—中亚天然气管道于2009年12月正式开通,被中亚各国的领导人称为"新时代的丝绸之路"。这一西起土库曼斯坦阿姆河右岸,

2015年11月12日,中国国家主席习近平在北京人民大会堂与土库曼斯坦总统别尔德穆哈梅多夫举行会谈。(供图:中新社)

经乌兹别克斯坦、哈萨克斯坦到中国的天然气管道,已有A、B、C三条管线,现正建设D线。中土优势互补,成为长期、稳定和可靠的能源战略伙伴。中国—中亚天然气管道可谓中国与中亚国家建立利益共同体的一个典范。

我们永远不会忘记,由中国公司单独经营阿姆河右岸的天然气田这一"世纪工程",是经尼亚佐夫总统特批才得以实现的。

"一带一路"建设更紧密地把两国人民联系在一起

2013年,习近平主席访问中亚时提出共建"丝绸之路经济带"的倡议,同土库曼斯坦一再倡导的"复兴丝绸之路"遥相呼应,因而得到土方的积极响应和支持。"一带一路"建设必将取得丰硕成果。

土库曼斯坦位于丝绸之路中央地带,优越的地理位置,加上奉行积极、中立的政策,使土在共建经济带的过程中发挥着非常重要的作用。中土实现互利共赢,共同繁荣,将造福于两国人民。

当前,中土互利合作正在蓬勃发展,两国战略伙伴关系不断出新。两国领导人建立起十分亲密和高水平的互信关系。正如别尔德穆哈梅多夫总统所说,中土关系堪称欧亚大陆国家间关系的典范,"两国相互理解、相互信任,土中关系进入新的更高的阶段"。

永远不会忘记中土友好的奠基人

2006年12月,尼亚佐夫总统因心脏病突发逝世,中国人民失去了一位真诚的朋友。

2007年9月,我有幸应邀出席了在土首都举行的尼亚佐夫总统巨著《鲁赫纳玛》的国际研讨会。期间,我专程去清真寺向他的陵墓献花。据在土工作的中国企业的职工们介绍,尼亚佐夫总统去世时,许多中国职工都伤心得流下了眼泪。我又一次感受到总统的这份中国情。我们中国人有句俗话,叫"饮水不忘打井人",我们永远不会忘记尼亚佐夫总统这位中土关系的奠基人。

时光如流,尼亚佐夫总统已离开我们10年,但他对中土关系所作的巨大贡献已载入史册。回首往事,同他的交往给我留下了最美好的回忆。我衷心祝愿中土友好事业世代相传,万古长青!

那片古老的沙漠，那些善良的人

吴虹滨（中国中亚友好协会副会长，中国前驻土库曼斯坦、塔吉克斯坦、白俄罗斯大使）

土库曼斯坦是地处中亚腹地的古老国家，国土面积的 80% 被世界著名的卡拉库姆（古突厥语意思是"黑色的沙子"）沙漠占据，其历史可以上溯到公元前 5000 年。土库曼民族的名字联系着许多辉煌的王朝：安息王国、突厥汗国、奥斯曼帝国……

2008 年秋，我被任命为中国驻土库曼斯坦大使，开始了我外交生涯的最后一段历程，也结下了我和那片古老的沙漠、那些善良的人们的深厚情缘。

不拘礼节的最高礼仪

对于特命全权大使来说，最高的外交礼仪是向驻在国元首递交国书的仪式。这一仪式有国际通行的固定程序，有非常庄严、华贵的礼仪，表现出派出国和接受国的相互尊重。在一些保留着王室制度的国家，外国大使递交国书时，还要乘坐金碧辉煌的马车，身着燕尾大礼服。外国大使进入典礼宫，由接受国的最高礼宾官陪同，进入接见大厅后，向驻在国元首行礼，然后宣读本国元首亲笔签署的国书内容，读完后双手递给对方，双方握手致意，最后是坐下来作简短谈话，合影留念。在当代，通常是外国大使到任后，首先向驻在国外交部副部长递送国书的副本，此后就可以正式开始工作，而递交国书正本则要看驻在国元首的时间安排，等上个把月也是常见的事。

我已经有过在其他国家任大使的经历，对递交国书的事，自是信心满满、胸有成竹。2008年9月26日，我和夫人乘飞机抵达土库曼斯坦的首都阿什哈巴德，到机场迎接我们的使馆临时代办告诉我，明天就向库尔班古力·别尔德穆哈梅多夫总统递交国书！这可真是破例呀。于是，我们夫妇一到使馆，第一件事就是开箱子找国书、整理西装，忙个不亦乐乎。整个使馆也立刻高速运转起来。

第二天早上9点，土库曼斯坦外交部礼宾司长就到了使馆门口，迎候我上了礼宾车，直奔总统府而去。土国有自己的规矩，到了总统府大门口，礼宾司长就不进去了，由总统礼宾官接我。他热情地自我介绍，并说他曾陪总统访华。于是，我们一路热烈地聊着天走进了典礼官，完全不像来出席国家礼宾仪式，倒像一对老朋友在街上聊天，对走廊里肃立的礼兵，点个头就过去了。我们在一个小休息室坐了片刻，有人通知说总统到了，我便在礼宾官陪同下走进大厅。别尔德穆哈梅多夫总统站在大厅中央笑吟吟地等着。我按照规矩立正站好，捧起国书准备开读。总统却大步走过来，同我握手，然后从我手里拿过国书，转身递给了身后的随从，又从随从手里拿过一个绿色的夹子交给我，用土库曼语说着什么。我看着首次见面就这么热情的总统，心想，不用翻译了，这肯定是说"咱们好朋友之间就不用客套了"，这可真是简单得不能再简单的国家外交典礼了！

我一时有些不知所措。总统给我介绍了站在一旁的外交部长梅列多夫，然后拉着我径直走到大厅尽头处放置的沙发旁坐了下来，开始谈话。我还是按国书内容转达了胡锦涛主席对别尔德穆哈梅多夫总统的热情问候和对土库曼斯坦国家的良好祝愿。总统微笑着表示感谢，然后说，梅列多夫外长今天下午就要去纽约参加联合国大会，他觉得一定要在外长离开前见到我，所以安排在今天递交国书。给我的绿皮夹子，是他亲自签署的同意中国新大使在土国工作的文件。我笑着说，总统阁下在我到任的第二天就接受了我的国书，这可打破了国际纪录，体现了对胡锦涛主席和中国人民的友好情谊，也是给我本人的最好见面礼。

总统高兴地笑起来,说了一些表示友好的寒暄的话,很快就转到了两国领导人都关心的话题——中土天然气管道建设上来。总统说,他已经下令,突破土库曼斯坦有关法律的规定,正在土开展业务的中石油可以不用遵循在土外国企业必须雇用不少于总员额 70% 的当地人的条款。这对中石油可是个大好消息,也是总统给我这个新大使的第二个礼物。

总统说完后,梅列多夫外长也给了我"一件礼物"——告诉我在仪式结束后可以直接去外交部,向副外长递送国书副本,完成整个递交国书的流程。通常要个把月才能结束的复杂程序,我在土库曼斯坦一个上午就做完了!

外国人眼里我成了太极高手

到任没多久,我去参加中国援建的丝绒厂的剪彩仪式。土国外交

吴虹滨大使夫妇在中国—中亚天然气管道工地。

吴虹滨大使夫妇和中土两国石油工人在一起。

部通知,别尔德穆哈梅多夫总统要亲自出席。丝绒是土库曼妇女最喜爱的衣料,但土国以前不能生产。现在土库曼斯坦有了自己的工厂,将自己生产丝绒,人们如何不高兴?!剪彩仪式搞得像盛大节日一样,彩旗飞舞自不必说,厂区外还摆上了各种食品摊位,甚至还有烤全羊的大灶。盛装的人们载歌载舞,迎候总统和客人们的到来。剪彩仪式一如通常,总统和我共同剪断红绸带后,进入车间参观。各种花色的丝绒如小溪流水般从织机上流出来,引起来宾们阵阵赞叹。

参观后,总统和来宾们走进一个高大的布棚。这里聚集的人们像过节一样高兴,又唱又跳。我们这些外交官们也被热烈的气氛感染,都伴着欢快的音乐跳起土库曼的民族舞蹈。乐声停止后,总统突然笑嘻嘻地提议,让中国大使自己表演一个节目!我一时愣住了。今天这

重庆杂技团在土库曼斯坦中国茶叶展上表演。

日子,总统显然是想突显一下中土之间的友好关系,也是想多看看中国文化。我脑子飞快地转了转,决定把非常有中国文化特色,我又比较拿手的太极拳展示一下。于是,我对总统说要表演中国的太极拳,又简要地介绍了一下太极拳的由来、在中国文化中的作用及其健身和实战意义。然后,我走到场地中央,敛神聚气,在众人的注视中打起八十八式太极拳来。这套拳我打了几十年,打起来自是得心应手,今天在外国总统和客人面前更是用心展示,努力表现出太极拳行云流水的意境和欲前先后、欲左先右的技击特点,一套拳打完后,赢来一阵喝彩和掌声。这次展示显然给总统留下深刻印象,也招引了使团里几个同行上门学中国太极拳。

　　有一次,在一个大型的庆祝活动前夕,土外交部礼宾司的人通知我,总统点名要中国大使在场表演节目。这一回我可来得及做准备了。我决定展示一下太极门内的一套武当剑法,给外交部的人先看了要用的折叠式太极剑和伴奏用的光碟。活动那天，场内播放着中国的名曲《梁祝》，我表演了剑走游龙、吞云吐雾的武当太极剑，又一次诠释了中国武术的深厚文化底蕴。

我登上了总统的专用直升机

在中国—中亚天然气管道建设过程中，我有幸乘坐总统专用直升机，陪同别尔德穆哈梅多夫总统视察工程项目。

中国和土库曼斯坦最主要的经济合作项目就是天然气对华出口。现在，北京用的天然气有三分之一来自土库曼斯坦。中国—中亚天然气管道起点在阿姆河右岸的土库曼斯坦境内，经乌兹别克斯坦、哈萨克斯坦，从霍尔果斯进入我国新疆，接入同时兴建的"西气东输二线"，经西北、华北直入华南，最终到香港，全长超过1万公里，是世界上最长的天然气管道。管道全部建成后，将有20几个省区，包括香港在内的5亿人受惠。中国石油天然气总公司承担了气田开发、天然气处理、管道建设、项目运转的全部工作，在大沙漠里打井找气，建设亚洲第一的天然气处理厂，铺设管道，所需全部材料，包括螺丝钉，都要从国内运来。施工最紧张时，光是积压在土库曼斯坦边境火车站等待通关的车皮就有近千个。而这全部工作要在两年内完成！真是任务大如天，困难重如山。

保障工程顺利进行、如期完工，是我们使馆的最重要任务。在土库曼斯坦，有众多的政府部门参与这个天然气项目，每个部门都有自己的主营业务和部门利益，这是很自然的事，在中国也是一样。在土国，让各部门都为天然气项目开绿灯，显然只有总统能做到。以我的观察，别尔德穆哈梅多夫总统显然对项目进程了然于胸，也决心让这个对国家有极大战略意义的项目如期完工。我决定找总统出面协调。依对中国的友好态度、对我这个特命全权大使的充分信任，他不会拒绝我的请求的。在一次参观活动时，我伺机走到总统身边，用几句话概况了中土天然气项目的进展和亟须解决的问题，建议把项目冠名为"总统项目"，以便更好协调两国国内政府部门的工作。总统显然一下子就明白了我这个建议的用心和作用，反问一句："是两国总统的项目？"我肯定地点点头，他欣然同意了。活动后，我主动向梅列多夫外长通报了此事。他是极具大局观念并精通政府运作的人，当然明白我的用心，也表示同意。从这以后，我就开始到处宣传"总统项目"的重大意义，并诠释为"凡是与中土天然气项目冲突的其他项目一律要让步，凡有影响中土项目的法律规定都要暂时绕过"。土政府各部门也都拥护这个"世纪工程"，虽有人认为中国大使的说法有点"霸道"，但既然是为了"总统项目"，也就不多说什么了。世界规模最大的中土天然气工程轰轰烈烈地开动起来。中石油雇佣的土库曼工人表现出极大的学习和工作热情，对能够到中石油工作、参与伟大的"世纪工程"特别自豪。中石油为管理方便，给中方工人和土方工人发放了质地相同但不同颜色的工作服，没想到却引起土方工人的很大意见，直到换发了同样颜色的衣服才满意。为了一个共同的目标，大家可真是同心同德了。

因为这个项目，我也成了驻土库曼斯坦外交使团里众人关注的对象。总有人出于不同的立场对工程能否如期完工表示怀疑，有的等着看笑话。在各种场合都会有人问，土库曼斯坦卖给中国的天然气1000立方米要多少钱呀？有的友好国家的大使更是套近乎，专拣没人的地方悄悄刨根问底打听内幕。这个时候，就得分"我们"和"你们"了：土库曼人当然是"我们"，可以讨论许多问题；其他人就统统是"你们"了，除了报纸有的消息，其余一概无可奉告。

这年夏天，我正准备着回国参加井冈山干部学院的培训，突然接到土外交部的通知说，别尔德穆哈梅多夫总统要去气田视察，邀请我同乘总统专用直升机前往。这可真是难得的好机会。我立即报请国内

吴虹滨大使夫妇和使馆工作人员在土库曼友人家里做客。

批准取消参加培训,陪土库曼斯坦总统去视察。国内也极为重视,很快批准了我的建议。

　　出发那天,我在机场见到别尔德穆哈梅多夫总统,陪他走上专机。这是一架美制西科斯基直升机,里面装饰得大方整洁,但远没有我想象的那么奢华。机上的乘客只有总统、梅列多夫外长和我。直升机起飞后,空乘服务员送上了茶水和干果。到天然气处理厂工地的路上,话题一直是中土天然气合作。别尔德穆哈梅多夫总统谈到,美国和西方国家主要的石油公司纷纷提出要参与土库曼斯坦的陆地天然气开发,还提出了一些优惠条件。但是,土库曼斯坦坚持只同中国合作开发陆地天然气,这是继承前总统尼亚佐夫的遗志,也是现在土库曼斯坦的战略抉择,并非权宜之计。我意识到,今天的视察也是一次"战略飞行",总统是借今天同我的谈话再次向中方表明他本人坚持对华友好和长期合作的决心。

到了天然气处理厂工地，登上已经接近完工的厂主楼顶层，在我们面前呈现的是一片在阳光下熠熠生辉的厂房、管道、反应塔。一年前，这里还是一片沙漠，几乎没有人相信会在两年里建成现代化的天然气处理厂。可是，在中土两国政府各部门的支持下，中石油从国内调集精兵强将，和土库曼伙伴们一起，创造了一个奇迹。别尔德穆哈梅多夫总统极为满意，一直开心地微笑着。在接下来的飞行中，大家的情绪都很振奋。直升机微微地抖动，掠过一座座沙丘。总统深情地注视着舷窗外，像在吟诗一样说：这就是我们的国土，地上是漫漫黄沙，地下却有无尽宝藏，我们的人民多么幸福！

送给兄弟的灿烂礼花

经过两年的奋战，被称为"世纪工程"的中土天然气项目一期终于完工了。2009年11月初，别尔德穆哈梅多夫总统约见我，说按早先约定，土库曼斯坦、乌兹别克斯坦、哈萨克斯坦和中国四国元首将出席中亚—中国天然气管道开通仪式，土方正加紧进行筹备工作。土库曼人常说，"贵客胜于亲兄弟"，土库曼斯坦将以最隆重的方式欢迎胡锦涛主席。

经双方商定，胡主席将在飞抵土库曼斯坦首都阿什哈巴德后，转飞工程项目所在地土库曼纳巴德市，再乘汽车前往80公里外的仪式现场天然气处理厂。我和国内有关部门的人经往返考察，认为土库曼纳巴德地处边境地带，从机场出来后所经过的市区街道曲折拥挤，从市区到仪式现场的公路要穿过沙丘地带，这些都造成了安全隐患。我建议土方，元首车队不入市区，绕行后直接上沙漠公路；在沙丘地带则增加警卫力量。过了一段时间，土外交部告诉我，已经采取了措施。我又赶去考察。从土库曼纳巴德机场出来后，我简直不敢相信自己的

中国驻土大使馆举办中国丝绸展,大使夫人戴云接受媒体采访。

眼睛:土方竟然能在极短的时间里把机场经市区的道路取直,路旁几十米内破旧的房子全部拆除。这需要政府拿出多大的意志和多大的财力,需要当地百姓作出多大的理解和牺牲!我仔细观察街上的百姓,他们都很平静,看来生活正常、情绪稳定。我放了心。前往仪式现场的80公里公路,也全部新铺了沥青。土方官员还指点说,沿途的沙丘制高点上将布设装甲车,整个沙漠将尽在掌控之中,绝对保证安全。我折服了。

12月13日,几国元首陆续抵达。胡主席和别尔德穆哈梅多夫总统进行了友好会谈。14日,四国元首分乘各自专机飞抵土库曼纳巴德。从机场开始,沿途居民点附近都有欢迎的人群。后来我得知,有4万人走上街头。在仪式现场,有几千人载歌载舞欢迎,在一个大舞台上还专门安排了土库曼姑娘表演的中国歌舞。四国元首共同转动阀门,

2009年12月13日，中国国家主席胡锦涛在阿什哈巴德与别尔德穆哈梅多夫总统举行会谈，规划两国未来的务实合作之路。（供图：中新社）

象征性地把天然气送入了管道。为安全起见，现场严禁烟火，严格限制到场人数。可是没想到，采访的各国记者一拥而上，把四国元首团团围在中间，我这个应该在主席身边"护驾"的大使一下子被挤出圈外。我用力撕扯，拼命往里挤，也无济于事。回过头来望望跟随胡主席的几位中央领导同志，他们被挤得更远，只能望着我苦笑。我国中央电视台的记者提前五六个小时到现场，占据了一个居高的位置，才保证了完整的拍摄。

仪式顺利结束，几位国家元首回到土库曼纳巴德的宾馆，出席别尔德穆哈梅多夫总统举行的盛大宴会。乌兹别克斯坦总统卡里莫夫和哈萨克斯坦总统纳扎尔巴耶夫在宴会后先行回国。晚上，在胡主席临

记忆篇

2009年12月14日,中、土、乌、哈四国元首共同转动阿姆河右岸第一天然气处理厂的通气阀门,标志着中国—中亚天然气管道正式通气。

时下榻的宾馆前广场又聚集了载歌载舞的人群,别尔德穆哈梅多夫总统亲自来到宾馆,陪同胡主席前往机场。中土两国工人也身着崭新的工作服,精神抖擞地列队欢送。别尔德穆哈梅多夫总统曾告诉我,他把胡锦涛主席当作兄弟,要送他一个意外的礼物。晚上8点整,两位元首手拉手,谈笑风生地走出宾馆。在广场上,别尔德穆哈梅多夫总统一挥手,只听一阵轰响,天空中升起了灿烂的礼花,人群欢呼起来。这就是送给兄弟的意外礼物!在前往机场整整20分钟的路程中,礼花一直轰鸣,直到胡锦涛主席的专机载着土库曼人民的友好情谊缓缓升空离去。

这片古老的沙漠,这些善良的人!

一个中国军人对土库曼斯坦的友好记忆

殷卫国（中国前驻土库曼斯坦大使馆武官）

我曾在中国驻土库曼斯坦大使馆任武官，前后工作了四年，作为中国军队的代表，结交了许多土库曼斯坦的军人和普通百姓，建立了真正的朋友和同志关系。

部长的美好赠言

2001年2月28日，土国防部国际军事合作局局长打电话通知我，国防部长3月1日上午10点将在他的办公室会见我。

第二天，我准时到达土国防部，立即被引领到部长办公室。我向部长行军礼，并自我介绍："部长先生，我叫殷卫国，中国新任驻土库曼斯坦大使馆武官。"部长一边笑着说"欢迎，欢迎"，一边像老朋友一样随和地握住我的手问道："怎么样，来土库曼斯坦还习惯吧？"当得知我是第一次来土后，部长又说："土库曼斯坦是个小国，不像中国那么大，也不如中国人口多。土库曼斯坦作为一个年轻的国家，处处都在蓬勃发展。您以后会很好了解我们国家的。"

接着，部长话锋一转向我问道，"在中国军队里，你们军官之间如何称呼？是叫先生，还是叫同志？"我说，我们都称"同志"，也可以姓加职务，或者直接称职务，正式场合一般是职务加同志，"部长同志"、"将军同志"。军人之间互称"同志"是军队的传统，我们之间从不称"先生"。

部长笑着说："我们武装力量内部也习惯互称'同志'。苏联时期，军队的条令条例也是这么要求的。现在苏联解体了，前苏各个国家军队内部的称呼也不同了。土库曼斯坦的国防部长是文职，我要穿西服。我们之间应该互称'同志'才好。我看这么着吧，你穿军装时，我们互称'同志'。你也穿西服时，我们互称'先生'！"中土两国军人之间的同志关系就这样瞬间建立起来了。

寒暄过后，谈话转入正题。他告诉我，土库曼斯坦的建军方针是尼亚佐夫总统亲自主持制定的。土是一个永久中立国，既不与任何国家为敌，也不与任何国家和军事组织结盟。土的建军方针是建设一支足以抵御外敌入侵、维护国家统一和主权完整的少而精的国防力量。年初，尼亚佐夫总统又要求土武装力量要尽可能减轻国家财政负担，要学会开荒种地，实现军队粮食自给。目前遇到的难题主要是缺少耕作的拖拉机等农机设备。中方曾同意为土提供军援，如果能把这笔钱用于提供拖拉机及零备件，将是对土军队最好的支援。部长还特意就土的气候、土壤特点，所需拖拉机的规格、用途及维修等情况作了说明。我允诺立即向国内有关部门报告并及时通报后续情况。

在结束谈话时，我特意请部长为我写几句赠言。部长笑着说，"我可从没有给任何一位外国武官留过言，你可是第一人啊！"他略加思索，便在我的工作笔记本第一页上工工整整的写下了一段话："祝愿您幸福、诸事顺利并取得成绩，以造福于你们伟大国家的人民。致以敬意。"

在此后的三个月里，经过中、土双方的协调，中国洛阳拖拉机厂根据土方的实际需要改进生产的七台拖拉机顺利运抵土库曼斯坦，并很快发挥了重要作用。2001年12月，土国《中立的土库曼斯坦》报对此还作过专门的报道，对中方援助拖拉机的功效给予了很高的评价。

2001年7月底，尼亚佐夫总统任命了新的国防部长。根据外交惯例，我很快通过土国防部国际军事合作局向新任部长表示祝贺。由于我当时还被驻土各国武官推举担任"武官团"团长，所以也代表大家提议，希望在部长方便时，抽空会见各国驻土武官，巩固和发展土与各国的军事友好关系。我的建议很快得到回复，部长定于8月2日上午11点在国防部一并会见各国武官。

当日，我们6位武官进入部长办公室后，国际军事合作局局长一一作了介绍。新任部长是大高个子，身材魁梧，总是笑眯眯地说话。他对大家说："非常抱歉，我刚刚到任，工作很忙，没有及时与大家见面。我们都是老熟人了，没有他（指国际军事合作局局长）的介绍，我们也都很熟悉。"

"土库曼斯坦和你们六国的关系都很好。我们之间的交流合作很多，也富有成效。土库曼斯坦奉行独立、自主、中立的外交政策，愿意与世界各国保持友好合作关系。土库曼斯坦武装力量是支年轻的军队，与你们各国军事力量相比，不仅人数少、战备训练不足，也缺乏战斗经验。我希望今后我们继续加强交往与合作，巩固和发展我们之间的友谊，也希望继续得到你们各国的支持和帮助。"

接着，部长与我们大家一起合影留念。整个会见时间虽不长，但气氛热烈欢快。会见结束后，部长一一与大家握手告别。国际合作局局长把我拉到一旁，低声说，"部长请您稍等一下，他有话跟你说。"

片刻，部长送走客人从门外进来，他一边拉着我的手，一边笑着说："谢谢您，您关于会见武官的建议非常好。"接着又问我，"怎么样，一切都习惯了吧？"我连忙回答："习惯了，非常好。与国际军事合作局的同志们相处得很融洽，他们对我们的工作帮助很大。"

"不用客气，"部长紧接着又说，"土库曼斯坦和中国，我们两国、两国武装力量之间的关系非常好，我们是好朋友。今后你有什么问题可以直接来找我。"他冲着国际合作局局长又叮嘱了一句："中国朋友的事要立即报告给我，你们别耽误了。"桌上的电话铃响起来，

土库曼斯坦独立日阅兵式

我连忙起身告辞。部长笑着说:"我和大校同志照个相,让他们进来帮个忙。"我借机向部长提议给我写几句赠言,他哈哈大笑着说:"国防部长的留言很值钱吗?给中国武官留言,该是我的荣幸啊!"

然后,部长在桌边坐下,思索了片刻便提笔写道:

我祝愿您在巩固你们国家国防力量、并在加强我们两个部门之间的友好关系方面取得重大成绩,以造福于我们两国人民。祝您健康、成功!

转眼15年过去了,土库曼斯坦两位国防部长先后给我写的赠言一直保存到今天,即使现在翻阅,也觉得犹如昨天发生的事一样。

边陲小城的边防军人

"9·11"事件后不久,以美国为首的国际反恐联军于2001年10月7日正式对阿富汗"塔利班"和"基地"组织宣战。土库曼斯坦与阿富汗的共同边界线长达800多公里,自然成为国际社会关注的对象。

驻土武官团经集体协商,向土国防部提出组织我们前往土阿边境实地考察的要求。2002年3月的一天,土国家边防局对外联络处长阿加占上校告诉我,土国防部与国家边防局经协商,并呈报安全会议批准,同意安排武官团前往谢尔赫塔巴德的土阿边境考察。

2002年4月15日,中、俄、美、巴(基斯坦)、伊(朗)五国武官自驾车辆,在国家边防局两名军官陪同下,驱车600公里前往目的地。那天天气很好,天空晴朗,白云朵朵。从阿什哈巴德通往谢尔赫塔巴德的公路很平坦,柏油路虽修建多年,但质量可谓上乘。路上

2002年4月16日,殷卫国武官与土边防军支队长努雷·列杰博夫少校在土库曼斯坦与阿富汗边境的谢尔赫塔巴德(库什卡)合影。

2002年4月16日,驻土库曼斯坦武官团与谢尔赫塔巴德边防军军官在土库曼斯坦与阿富汗边境口岸合影。

的车辆不多,沿途景色宜人,偶尔还能看到数只苍鹰围抢争夺死在旷野上的骆驼。起伏的丘陵坡地上,大片的野花像地毯一样覆盖着大地,映衬着蓝天、白云、绿色的田野,美轮美奂。清新的空气和阵阵徐风穿过车窗吹进车内,令人心旷神怡。我们的车速很快,5个小时就到达了边陲小城。

在谢尔赫塔巴德城内,我们受到了土军第11摩步师师长和谢市边防支队支队长列杰博夫少校等人的热情接待。谢尔赫塔巴德原名库什卡,1881年被沙皇俄国占领,在土阿边界上能够看到俄罗斯帝国领土最南端高大的界碑。目前,谢市所有的军事设施,包括司令部办公楼、军营房舍,以及幼儿园、学校、商店、食堂等,全是苏联时期修建的。苏联进攻阿富汗时,库什卡是重要的前出进攻基地,部队人员、武器辎重、后勤给养等也是通过库什卡口岸的铁路、公路运进去的。库什

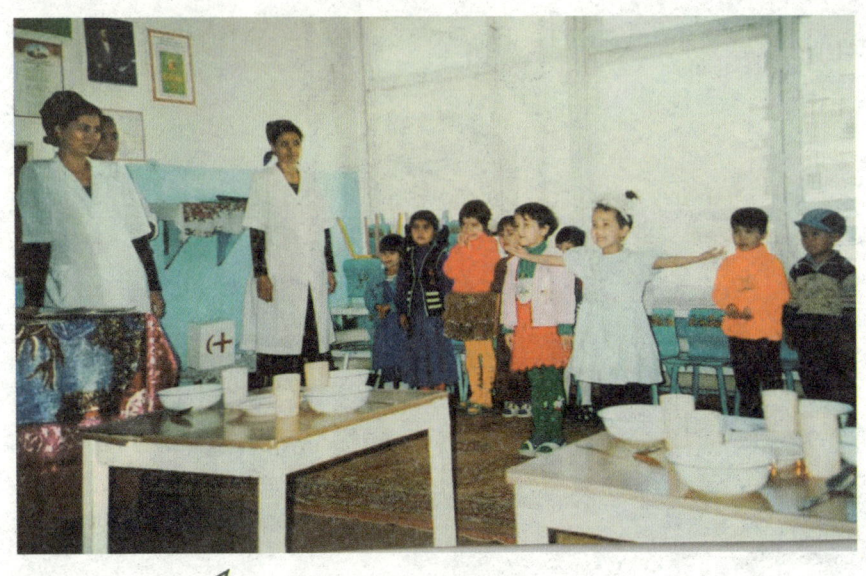

谢尔赫塔巴德边防军幼儿园的孩子们为武官团表演。

卡的城市居民中,大多都是军人和他们的家属、孩子。

师长特别强调:谢尔赫塔巴德是边境城市,目前对外是不开放的。各位武官都来自土库曼斯坦的友好国家,都是好朋友。所以,我们也是毫不保留地展示这里的真实情况。希望你们以亲眼所见,能对土库曼斯坦的军人以及他们的家庭、对土库曼斯坦的外交政策有一个更深切的了解。在大家的掌声中,列杰博夫支队长陪同观看和解答各种问题。可能他事先得知我是武官团团长,又是这批来客中年龄最大、军衔最高的军人,在之后的参访活动中,他始终陪在我身边。从与他的闲谈中,我了解到尼亚佐夫总统实施《国家语言法》,规定不懂土库曼语的军人不能担任军队的高级职务。因为军队是要准备打仗的,指挥作战只能用一种语言,而基层官兵大多听不懂俄语、英语。我也明白了尼亚佐夫总统为什么要求军队开荒种地,解决食品供应短缺问题。因为边远地区的供给条件确实很困难,驻军的官兵、家属和孩子们不

谢尔赫塔巴德边防军某营区士兵演出队在表演。

得不靠自己的努力解决部分生活供应问题。

我们参观了当地驻军的幼儿园。孩子们活动的教室都不太大,墙上张贴着为数不多的宣传画和简单的装饰,玩具也很少。20 几个服装鲜艳的孩子坐在长条板凳和塑料椅子上,笑得很天真,听着老师讲话。老师叫起一位小女孩,她大大方方地为我们表演了一段诗朗诵。我们还观看了一所学校。我印象里教学楼内的墙皮不少已经脱落,门窗也已开裂,但是校园、楼道、操场都打扫得很干净,物品摆放也井井有条,处处都显露着军队的特点。看来,孩子们从小就开始接受军队生活的熏陶了。

我们驱车从市区前往边境口岸途中,支队长还专门请我们参观了一个边防军的营区。一名少尉指挥着一个12名士兵组成的小军乐队，为我们演奏了两支曲目。支队长介绍说，这个营区有50多人，除了正常值班巡逻，军人的生活也比较枯燥、艰苦，士兵的津贴很少。在传统的土库曼社会中，一般民众对本部族和宗教领袖的信任和忠诚度甚至超过其他一切人。因此，土库曼士兵服役通常都会远离故乡、远离自己的出生地，某一部族的士兵也不会在本部族为主的地域内服役。如何稳定士兵的情绪，活跃军营生活氛围，往往是部队指挥员面临的重要课题。

最后，支队长陪同我们来到土库曼斯坦与阿富汗交界的口岸。在通往阿富汗的唯一的公路旁，竖立着土库曼斯坦边境界碑，并行的是通向阿富汗的铁路。我们走在朝向阿富汗的铁轨路基上，远远望去，对面的阿富汗是光秃秃的荒山，山坡下是断了水源的干枯河床。河床很宽，可以想象过去这里曾是多么壮观的大河流经之处。河底长满了郁郁葱葱的低矮灌木丛，河滩和道路两旁还能看到高低错落的零星树木。努雷少校向我介绍：库什卡边境地区一直很平静，边民相处得很和睦。在土、阿两边的居民中，土库曼族人还是占多数。阿富汗的商人到土库曼这边主要是采购油气和食品。美国对阿富汗塔利班开战后，战争的阴云似乎对这里并无明显的影响。你们可以看到，对面和我们这边一样，人们该干什么还干什么。

谢尔赫塔巴德（库什卡）之行，我们在当地只逗留了不足四个小时，真可谓来去匆匆。多少年后，我的同事告诉我，我们算是幸运的外国军人。我们的后任，再也没有享受到这一"殊荣"。

无名英雄纪念碑前的老战士

阿什哈巴德市中心的无名英雄纪念碑是首都著名的标志性建筑和旅游景点，纪念碑前广场开阔，周围郁郁葱葱，有很多树木、林荫小道，对面是土库曼大学。这里也是年轻人谈情说爱、老年人散步遛弯的好地方。

2002年"5·9"胜利日后的一天，我陪同中国北方工业公司土库曼考察组的同志参观无名英雄纪念碑时，迎面遇上了一群老年人，看上去全都七八十岁，他们相互搀扶，有说有笑，虽步履蹒跚却精神矍铄。我很自然地在小道边停下脚步，请这些老年人先走过去。忽然，一位老人走到我旁边，用俄语问我："你好，你是朝鲜人吗？"我笑笑回答："不是，我是中国人。"老人惊讶地看着我说："你是中国人？你会说俄语？"我连忙答道："是啊，会说俄语。"

老人马上向他的同伴高声喊道："这儿有一位中国人，他俄语说得很好。"十几位老人马上转回身，把我围了起来，紧接着七嘴八舌地向我提出了一系列问题。"我们知道中国，毛泽东——斯大林，莫斯科——北京"，"天安门、长城、孔夫子……"

"中国现在发展了吧，你们在搞经济改革吧？"

"中国人民生活得好吗？"

"您到土库曼斯坦来做什么？"

"你们的总统（主席）来过我们的国家，和萨帕尔穆拉特·土库曼巴什（指尼亚佐夫总统）是好朋友。"

我告诉他们：我在中国驻土库曼斯坦大使馆工作，是中国的外交官。中国的改革开放已进行了20多年了，人民的生活水平得到了很大的提高。

老人们都很健谈，话匣子一旦打开就很难刹住。一位年纪稍大的老人告诉我，他们都是土库曼的老战士和老战士的遗孀。他们不住在首都，分别来自巴尔坎、马雷、列巴普等其他州市。但每年他们都会相约来首都无名英雄纪念碑前，回忆、纪念他们的那些牺牲的战友和亲人，相互间也倾诉一下生活中的酸甜苦辣。当他们知道我也是一名军人时，那种发自内心的亲切感瞬间便迸发出来。一位老婆婆告诉我，

殷卫国武官与土库曼斯坦老战士及老战士遗孀交谈。

　　她的老伴曾在苏联时期的远东军区任职,当时是少校军衔。她知道苏联远东的对面就是中国,苏中两国的关系那时特别好。另一位矮个子的老人挤到我跟前说,他上世纪60年代曾被派往蒙古工作。他问我现在是什么军衔,我告诉他是"大校"。他不解地问,"大校,意思是年长的上校么?"我告诉他,大校比上校多一颗星,就像大尉比上尉多一颗星一样。他立即向我行了一个举手礼,说:"你比我的军衔高,我退休时是上校。"

　　老人们七嘴八舌地告诉我,他们的生活还不错,退休金不多(按当时的汇率每月仅有40美元左右),但政府对他们还有许多优惠待遇,例如乘坐火车、公共汽车是免费的,去医院看病是免费的,他们用水、用电、用天然气也是免费的,他们吃的食盐、用的火柴还是免费的。他们的儿孙辈上学同样是免费的……。尽管生活中不尽如人意的地方很多,如物价上涨、货币贬值,他们的退休金补贴调整滞后,他们免费看病后购药则需自己掏钱，他们的住房普遍年久失修，……但这些缺憾在老人们看来没有什么了不起。这是经历过战争，经历过饥荒，经历过苏联解体、社会剧烈动荡的一代人。如今，他们依然坦然面对各种困难，乐观开朗地聚集在一起，分享着彼此的快乐和喜悦。

和他们告别时，老人们热情地邀请我到他们居住的地方去坐客。握着那一双双粗糙而又结实的手掌，我衷心祝愿他们"身体健康""幸福平安"。

弥足珍贵的中土两军友谊

我在土工作期间，中土两军友好交往与合作关系不断巩固和发展。这一点，令其他各国武官羡慕不已。

土库曼斯坦国家领导人和军方高层对发展中土两军关系持积极态度。几任国防部长都曾到访过中国，而俄、美等国的邀请则被谢绝。我在任期间，三位国防部长和一位总参谋长都专门约我详谈过发展两军关系的重要事项。凡是涉及中土两军关系的重要事情，国防部的领导都会亲自过问，督促落实。

2002年7月29日，在中国军事代表团来访之前，时任第一副总理兼国防部长特意会见高玉生大使和我。他说，这是他上任后第一次会见外国使节和武官。他说："土中的政治互信基础牢固，两国高层互访加深了彼此的友谊，为不断扩大双边合作的领域创造了良好的条件。""土库曼斯坦周边安全环境特殊复杂，土的经历和历史经验决定了土政府必须选择中立政策。土政府特别感谢中国政府理解和尊重土的中立政策。"部长强调："土中军事合作关系是根据两国的实际需要以及双边政治关系的迅速发展而逐步展开的。土希望发展与中方各方面的合作，其中也包括军事合作、干部培训、人员交往、军技合作等。在土中制订的交流计划中，国防部长层面的互访对推动两军关系的发展非常重要。"

2002年3月28日，刚刚上任的武装力量总参谋长在他的办公室约见我。将军衷心感谢中方向土方提供拖拉机及其零备件，充分肯定了此举在落实尼亚佐夫总统关于军队实现粮食自给的命令中发挥的重要作用，提出了土中两军加强军需方面合作的建议。将军表示，土视中国为自己的亲密朋友，所以他与我的谈话非常坦率，没有什么外交辞令。之后，我将与总长谈话的内容汇报给国内相关部门，所有问题都迅速得到解决。

土国防部对我武官处的工作始终给予大力支持和帮助。每年我们举行的建军节招待会、国庆节招待会、建交招待会等重要外事活动，土军方都会安排副部长等高层领导出席。这种高规格礼遇不是所有国家都能享受到的。我军事代表团访土时，土方尽管接待条件有限，但总会千方百计尽最大努力安排好。尤其是在参访项目上，土方基本上都能全部满足中方的愿望。

在与土武装力量战友们的交往中，我还遇到过不少机缘巧合、有意思的事情。2001年8月1日，土陆军司令到中国大使馆出席我建军节招待会。他转达了我的战友高鸿儒教授对我的问候。我很纳闷，他怎么会认识高教授。他告诉我，他刚从中国学习回来，在中国国防大学防务学院外军高级军官研修班学习的五个月里，高教授一直负责他们班的翻译教学工作。在一次偶然的谈话中，他得知我和高教授是战友。他一再表示，高教授是一个工作非常认真负责的人，在高教授的帮助下，他在中国学习收获很大。回国后，他专门向国防部长作了汇报，并建议土军高级军官应多参加中国举办的此类培训。

2011年10月的一天，我应邀参加土库曼斯坦驻华大使在万豪酒店举行的庆祝土独立20周年的招待会。席间，土方的一名中校军官问我是不是在土担任过武官。在得到我的肯定答复后，他兴奋地告诉我，他是现任土驻华武官。他之所以认识我，是因为10年前他和他的同事一行3人被选派到中国学习,当时来往的机票都是我帮助他们买的。出发时,我还到机场为他们送行,说了许多鼓励的话。他说,正是那次去中国学习的经历,让他事后有幸到中国工作。

土国防部国际军事合作局有一位专门负责中国事务的年轻上尉军官,小伙子特别勤奋、刻苦,当时是该局唯一一位既懂俄语又懂英语的参谋,后被派到中国学习了一年汉语。2000年,他曾陪国防部长、副部长访华。不仅他本人,他的家人和我们也都结下了深厚的友谊。他的父亲是一位中学校长,母亲是一位妇科医生,弟弟亚萨是土库曼斯坦国家乒乓球队的队员,曾获得过全国锦标赛第三名的好成绩,妹妹金子是音乐学院的学生,毕业那年获得过国家钢琴比赛的第一名。记得有一次我们一起聚会时,上尉的父亲告诉我,他的三个孩子的美好愿望都与中国有关,当兵的穆哈梅特希望有机会去中国工作;亚萨最佩服中国女乒冠军张怡宁,希望能和她合影;金子希望能到中国学习。家里空调机坏了,他的三个孩子一致建议要买中国的"海尔"空调。在2001年第75届世界乒乓球锦标赛上,亚萨的愿望实现了,后来他把和张怡宁在赛场上的合影照片也寄给了我。

马雷的大学生"导游"

马雷市是土库曼斯坦第四大城市,历史上又叫梅尔夫,是塞尔柱帝国的首都。据史学家和考古学家推测,该城最早可能出现在公元前2000年。这里是土库曼历史上繁荣辉煌的穆尔加布三角洲青铜器文明的诞生地,也是古代丝绸之路上重要的贸易中转站。

2002年5月2日,我和使馆的两位同事前往马雷的梅尔夫古城遗址参观。当我们到达目的地,才知道这里没有专门接待游客的单位,没有专门的导游,更没有游览图。我们仨人只能凭借感觉沿着"古道"边看边猜。当我们走到"苏丹桑贾尔陵墓"(后来我们才知道叫此名),

迈入正在修缮的门洞后，发现里面有个年轻人正在和修缮人员聊天。我们礼貌地打了声招呼，一边观看，一边猜测这是什么建筑。那位年轻人主动走过来和我们攀谈。他告诉我们，他叫穆哈梅特，是土库曼国立大学历史系的大学生，马上就要毕业了。得知我们是中国外交官，小伙子自告奋勇陪我们参观游览古城遗址。

在穆哈梅特的引导下，我们用了足足三个小时，马不停蹄地看完了梅尔夫古城遗址的主要景点。小伙子一路走一路讲，非常尽心尽力。我们也谈到2000多年前中国西汉杰出的外交家张骞两次出使西域，曾到达当时的大宛国，也就是今天的土库曼斯坦这个地方，也说到古代丝绸之路。穆哈梅特说，他的老师曾经在课堂上讲过，伟大的丝绸之路从中国发端，当中国的商队经过土库曼时，土库曼人或沿途组成商队同行，或为远道而来的中国商队担任向导，继续向西前进。商队所到的土库曼城市，例如此地的梅尔夫、达绍古兹州的库尼亚—乌尔根奇、阿什哈巴德郊外的尼萨和捷希斯坦都富了起来，不断扩大。当时，中国商人从土库曼购买马匹、地毯、棉花、甜瓜、葡萄、宝石和棉布，土库曼人则从中国商人那里购买丝绸、瓷器、火药、茶叶等。他的老师还谈到古代丝绸之路的安全问题。现存的许多历史资料都证明，当时商队所经之地的各个国家和民族都自觉信守一条戒律，即商人和商贸货物是不能随意侵犯的。当然，沿途肯定会有强盗和犯罪行为，但总的来说，即使是在发生战争的地区，商队仍能畅通无阻。这种无条件遵守的"多边国际协议"（尽管这些协议从未落实为文字，也无人签署），恐怕在历史上也是绝无仅有的。伟大的丝绸之路是历史上东西方之间第一个和最有效的交通走廊，它保证了不同文明之间的沟通，延续了数千年之久。

穆哈梅特说，如果有朝一日丝绸之路能复兴起来，那该多好啊！那样，他就可以去中国、去欧洲旅游了。我们开玩笑地说："今天也能够去啊，你可以骑着骆驼前行，细细品味沿途美景。"

2004年11月,我奉调前往其他国家工作。离开土库曼斯坦至今已经12年了,在与亲朋好友的聚会中,偶尔也听人谈起土库曼斯坦的巨大变化,使馆对面的科佩山已经被新建成的楼房遮挡住了,阿什哈巴德市开设了新的大型购物中心,土境内的列车车厢全换新的了,居民收入大大增加了,路上的新车也多了……。每每听到土库曼斯坦的新鲜事,我内心依然会感到特别熟悉、特别亲切,脑海里也会浮现出阅兵式上威武整齐行进的方阵、体育场上人们载歌载舞的场景、高耸入云的"独立柱"与节日夜晚璀璨的烟火、总统府广场前的"中立门"和那些身着艳丽服装嬉笑玩耍的孩子们……

土库曼斯坦,我衷心祝愿你繁荣昌盛。

点点滴滴忆"追梦蓝金"之往事

王四海［中国地质大学（武汉）外国语学院教授、楚天—中国土库曼斯坦研究中心创办人与负责人］

我是一名研究"土库曼学"的热衷者，上世纪80年代初上大学时在"苏联概况"课上了解到了土库曼加盟共和国的概况。苏联解体、土库曼斯坦独立以后，土库曼斯坦加入"独联体"并很快退出，尼亚佐夫总统对此的解释让我开始关注这个流行"一个锅里不能煮两个羊头"谚语的"蓝金"之国。2009—2010年，我有幸到土库曼斯坦境内中土天然气合作项目工作，经历了一段个人"追梦蓝金"的历史，零距离接触了这个国家。回国以后，我开始写有关土库曼斯坦的书与文章、做研究土库曼斯坦的项目，创办了宣传土库曼斯坦的网站。几年来，我难以忘记在土工作期间的人与事，虽说这些都是普普通通的人与平凡的小事，但我认为，中土友谊大厦的坚实基础正是由普普通通的人用一桩桩平凡小事构筑而成。

经常光顾主管"国家钱袋子"的土库曼斯坦油气署

土库曼斯坦油气署是总统直属的国家机构，依照土库曼斯坦油气法与总统法令行使对国家碳氢资源使用与管理的权力，主要管理土库曼斯坦与外国公司的产品分成合同方面的业务，也有学者认为油气署是管理"国家钱袋子"政府衙门。

我在土库曼斯坦阿姆河天然气项目工作期间，在某些时段因业务需要，几乎是天天要光顾油气署这个土库曼斯坦政府衙门。土库曼斯坦—中国天然气管道通气前，最多的时候一天要跑三四趟油气署。那时候，项目上的土、中双方大大小小领导及员工都面临着巨大压力，为按时通气每天加班加点紧张忙碌。油气署官员中，我打交道最多的是达乌列特先生，一个长相清瘦、面善的典型中年现代土库曼男人。他是一个很较真的工作狂，总泡在办公室加班，我在阿什哈巴德时间晚上6点以后去油气署总能见到他，当然有时候是他刻意留下来等我送的材料。

我初到土库曼斯坦的时候，每次到油气署，达乌列特先生都对我很友善，但是随着时间的流逝，他对待我的态度发生了一些变化。原因是：他对中方上报的联合公司"年度工作计划与预算"的细节抠得最严格、挑的问题最多，使得我们没少加班做"解答说明材料"。为了争取更多面对面向他口头解答一些问题的机会，我学会了厚着脸皮"磨"他，有时候为了掌握主动，不经通报直接闯进他办公室，让他"打也不是骂也不是"。事实上，我们彼此心里都清楚：我们没有谁对谁错的问题，我们的工作各为其主，在工作中表现出来的认真、较劲与主动，都是为了能按照计划时间通气，从"源头"规范联合公司的"年度工作计划与预算"及其相关工作。

2009年12月14日通气以后，我们紧张的工作有了喘息的机会，接下来随着春暖花开，我与达乌列特先生的工作关系又重新找回了以往的友善，回归到以往不拘小节的轨道。有一天我突然离开项目回国，没有来得及去跟达乌列特先生告别，回到国内很长一段时间我还很想念他。

与尼亚斯和巴特尔结下兄弟般的友谊

在土库曼斯坦工作期间，我与很多当地人结下了深厚的友情，有些人我现在只记得长相，而名字却不记得了。令我最为难忘的还是尼

2009年10月1日,王四海和尼亚斯(左)与中石油阿姆河天然气公司总经理吕功训(现任中国石油天然气股份有限公司副总裁)合影。

亚斯和巴特尔这两位土库曼好兄弟。特别是尼亚斯,真是典型的土库曼人。他出身教师家庭,家境优越,话语不多,性格偏静,熟练掌握汉语和俄语。这小伙子虽然属于内向宅男型性格,却特爱吃火一般热辣的中国辣椒酱。他们全家都对中国怀有深厚的感情。尼亚斯大学本科是在中国长沙读的(所以钟情辣椒酱),他弟弟本科是在黑龙江大学读的,他的家人跟中国人做着生意,所以一家子都是中国的"粉丝"。

工作上,我、尼亚斯和巴特尔是一个不可分的团队。我工作与生活的每一天似乎都要有尼亚斯和巴特尔的参与,白天在一个办公室办公,加班的夜晚也要和他们一起度过。项目工作紧张的时候,加班是家常便饭。土库曼斯坦是一个沙漠国家，夏季异常炎热，6、7、8月份扎在数字堆里工作，即使是在正常工时段都会让人感到烦躁，加班的煎熬与苦楚可想而知！但是，我从未听到两位土库曼兄弟抱怨加班。个别情况下，有时我们晚上加班到很晚，单位值班的司机都下班了，没有车回驻地，尼亚斯会开自己心爱的坐骑送我们回驻地。

工作之余，我会跟两位兄弟一起喝点啤酒、聊聊天、散散步、打打羽毛球、到市场逛逛，听他们讲讲土库曼的风土人情故事等。随着时间的流逝，我们的感情越来越深。尼亚斯不拿中国人当外人，2009年10月1日，适逢中国国庆60周年，在公司国庆招待午宴上，尼亚斯主动拉着我去找公司的吕总合影，按他的话说，他是学汉语的，这

王四海与巴特尔（右）合影。

样的节点必须留下一张纪念照片。我想,这是尼亚斯对中国的一种特殊情结吧。巴特尔则拿我的事当自己的事。有一次我急需《西伯利亚地台油气地质》一书的俄文原著,委托朋友在俄罗斯找了近两个月也没有结果,眼看要耽误事了,急得我直上火。巴特尔知道消息后,利用他的关系,仅用两天就帮我在首都的图书馆找到了这本书,感动得我差点落泪。

　　回国 6 年了,我至今还保留着两位兄弟陪我去买的、在阿什哈巴德期间穿过的尖头火箭形皮凉鞋和土库曼产的枣红色纯棉衬衣。两位兄弟推荐的那只辟邪护身的"蓝眼睛",一直挂在我家中的电视机幕墙上。

　　6 年来,尽管跟这两位土库曼兄弟少有联系,但我耳边总会传来有关他们的消息。据悉,巴特尔开始学习中文了,还来中国成都实习过。尼亚斯还给别尔德穆哈梅多夫总统当过翻译,大大地火了一把。去年尼亚斯再次来到北京,在中石油组织的相关项目员工演讲比赛上获得了一等奖,我也在《中国石油报》上看见过关于他的报道,这些都令我倍感欣慰。

难忘科佩特山上的土库曼斯坦边防哨兵

　　科佩特山是土库曼斯坦与伊朗的界山,大部分在伊朗境内。阿什哈巴德就坐落在它的脚下。科佩特山对土库曼人而言,可以称得上是"圣山"。很多有关科佩特山的信息至今还不被中国公众所普遍知晓:这里有土库曼斯坦最好的国家自然保护区,生长着名贵的阿月浑子、土库曼杜松、无花果等;这里有"土库曼巴什健身路",它在山间蜿蜒几十公里,远远看去,真有点像中国的万里长城呢。这里还有直升机停机坪、架空索道、观景台、天文台等。由于个人喜好登山、喜爱户外健步走,在土工作的日子,每逢周日,我总会到科佩特山中走走,时间一长，对土库曼这座圣山产生了深深的眷恋之情。

　　2009年初春的一个阳光明媚的周日，我清晨一大早到食堂用过早餐，随身带上午餐，一个人悄然无声地徒步向科佩特山深处进军了。在上山的路上偶遇一群当地的中学生，其中有几个孩子似乎在以往爬山的时候见过面、聊过，我认出了那个俄语讲得很流畅的男孩子，他问我的第一句话是："在CNPC（中国石油）的工作近况还好吧？"双方问候以后，他邀请我跟他们结伴乘缆车上山到观景台那边玩。我此前一直没有坐过缆车，也没有游览过观景台，所以临时改变计划，决定跟他们一起去观景台。那天坐缆车的人特别多，乘缆车的时候，我跟他们"分道扬镳"了，到了观景台，我感觉人太多不好玩，就决定自己单独行动。望见观景台南边土伊边境的哨卡和伊朗那边茂盛的杜松，我一时间冲动起来。在好奇心的驱使下，我远离人群的视线，在草丛的掩护下缓缓向边境靠近，心里盘算着如何把土伊边境和伊朗那边松树的美景拍摄得更清晰，然后拿回去跟兄弟们"显摆"。突然，我的身边出现了一个年轻的土库曼边防兵，他提着枪，示意我向观景台那边走。

　　我用俄语告诉他：我是普通游客，不是"士必欧尼"（俄语"间谍"一词的发音），边境线不让靠近，我就步行下山回去。但他稀里哗啦地讲着我一句也听不懂的土语，手指着观景台方向。我以为他根本不懂俄语，用俄语跟他解释没有任何意义了，就用汉语自言自语道："怎么步行下山也不允许呀？！"没想到这时他居然用俄语说："中国人是朋友，你是坐缆车上到观景台的，必须坐缆车下去，不能破坏这里的规则！"说完这话，他把枪扛到肩上，用透着友善的严厉目光盯着我，我一时间再也说不出什么话，只好讪讪地向观景台方向"落荒而逃"。看来，这个年轻的哨兵早就暗中注意我了，可他是如何悄悄地一直跟在我身后的，为什么他投向我的目光是那样严厉同时又那样友善？也许他猜到了：我是CNPC人！

一个人独享阿什哈巴德寂寥的春天

今天,阿什哈巴德的一排排高大的白色大理石建筑、一座座雄伟壮丽的纪念碑、一栋栋漂亮的居民楼、一群群五光十色的喷泉等,是任何一个中亚首都无法媲美的。如今的阿什哈巴德已经拥有了"大理石之都""水晶之都""白石城""梦想之城""沙漠水城""喷泉之都""中亚的白珍珠"等美称。在这座"爱的城市"的安静春天里,我曾领略过土库曼人善意的温暖,曾独享过寂寥的春光。

2010年5月的一天,早上7点一过,我又是一个人徒步从位于阿什哈巴德市南郊的杰宏宾馆向市中心进发。走了一个多小时,几乎没有遇到任何行人,只有五六辆机动车从身边驶过,感觉阿什哈巴德南半个城池就属于我一个人似的。在市中心一个美丽的公园里,我尽情享受春日的阳光与美景,拿起手中的相机尽情地拍摄春日中远处的科佩特山、山色映衬下阿什哈巴德形状各异的白色大理石建筑、郁郁葱葱的公园草木。到11点的时候,市中心的行人及游客才多了起来,我才有机会抓拍行人。2009年12月中土天然气管道通气了,中国国家主席胡锦涛和乌兹别克斯坦总统卡里莫夫、哈萨克斯坦总统纳扎尔巴耶夫来到土库曼斯坦,和土库曼斯坦总统别尔德穆哈梅多夫一起主持了开通仪式。从那时起,仿佛阿什哈巴德全市居民(甚至是全土库曼斯坦人民)都知道了CNPC和中国,对中国人的友好感也日益增强。当你在街上抓拍行人时,他们不但不躲避,有时还会主动和你合影。我在拍摄两个土库曼斯坦女学生的时候,是与她们相向而行,她们发现我在拍照后,表现得很自然也很配合。她们从我身边走过的时候,还向我挥手并用汉语打招呼:"你好,中国,CNPC!"当我抓拍一家土库曼斯坦人家的时候,她们主动站好位置让我拍照。拍完照,她们让我把照片发给她们,我满口答应了下来,

记忆篇

身着土库曼民族服饰的青年女学生

但当我晚上回到驻地整理照片的时候，才发现自己白天拍照的时候稀里糊涂地竟忘记要他们的地址了，至今这张照片也不知道该发往什么地方，很是遗憾。

　　回国后几年来，在每一个春暖花开的季节，每遇双休日走上家附近的光谷街头，目睹马路两侧凌乱的街景、马路上蜗牛一样行驶的车流、人头攒动的街边行人，我总会不知不觉地想起阿什哈巴德安静的春天。我好羡慕土库曼人周末安静、安逸的生活。

土库曼斯坦一家亲

卖烤馕的土库曼大妈们

土库曼斯坦是白小麦的故乡,马雷市附近的拜伊马利区历史上曾是俄国沙皇尼古拉二世的御厨制作面包所需小麦的专供基地。烤馕是土库曼人的主食。在土库曼斯坦的日子,工作之余我还喜欢逛"大巴扎",买点水萝卜、小酸黄瓜之类。一次我闲逛"大巴扎"之时,在路过卖烤馕的土库曼大妈们的摊位时多停留了片刻,她们就建议我买她们的烤馕。一开始我拒绝了,因为我们在单位食堂吃饭,每月伙食费从工资中扣除,每日三餐跟吃自助餐一样,根本无须额外到街上买食物充饥。但土库曼大妈们七嘴八舌劝说个不停,我只能买几个拿回去品尝品尝。回到宾馆房间,不到一小时我就把三个烤馕全部消灭掉了。

接下来发生的情况是，每次逛大巴扎，我都会买土库曼大妈们的烤馕，每次六个、七个地买，最多的一次买了 12 个。土库曼大妈们也认下了我，告诉了我很多有关烤馕的习俗与传统，如婴儿枕头下要放一小块馕；吃馕的时候不能掰碎，也不能剩；出远门的时候要带上馕，馕是护身符，可以帮人找回回家的路；等等。这些信息在我回国后撰写有关土库曼斯坦的书的时候，全写了进去，实在应该感谢卖烤馕的土库曼大妈们。

在土库曼斯坦的这段"追梦蓝金"的日子，已经成为我生命中的往事，但我跟土库曼斯坦这个国家以及土库曼人的不解之缘还在继续。我对土库曼斯坦的特殊情结依然在持续，中国人与土库曼人的丝路梦想自古至今也一直在持续。

"沙漠之国"土库曼斯坦采访手记

尹树广(《人民日报》前驻中亚首席记者)

1994年7月初,《人民日报》派我到哈萨克斯坦首都阿拉木图筹建记者站,负责中亚五国的新闻报道工作。至此,《人民日报》的中亚报道由驻莫斯科记者站代管的历史画上了句号。这大概算是1989年东欧剧变和1991年苏联解体、欧亚地缘政治裂变给中国驻外媒体版图带来的一个细微余震吧。

从1994年到1998年的四年间,我以阿拉木图为圆心,聚焦中亚各国和地区发生的各种政治、经济、外交等重大事件,踏遍了古丝绸之路沿途的山山水水,结交了许多朋友,结下了浓烈的"中亚情结"。中亚是古丝路的重要通道,风光独特,民风淳朴,各种瓜果和蔬菜四季常鲜。更重要的是,中亚各国人民热情好客,崇尚友谊,大家一经交往很快就变成兄弟了。

2017年是中国与土库曼斯坦等中亚国家建交25周年。我们这些"老中亚"们抚今追昔,感慨万千。翻开20年前的采访笔记,重温甜蜜的"土苦慢"岁月,一桩桩往事袭上心头。

5000公里的古丝路自驾游

采访土库曼斯坦首任总统尼亚佐夫,一直是我的梦想。1995年4月初的一天,我突然接到土国外交部新闻司的电话,希望我尽快赶到阿什哈巴德,尼亚佐夫总统有可能接受我的采访。当时,阿拉木图到阿什哈巴德一周仅有一两个航班,我决定驾车去阿什哈巴德。

途经卡拉库姆沙漠时，尹树广与路旁突然出现的单峰骆驼合影。

我和夫人先找来中亚地区交通图，仔细研究了行车路线后，便匆匆上路。此行单程2500公里，往返5000公里。虽说走的是"苏联国家级公路"，但并非今天的高速公路，路面经常是坑坑洼洼，有些地段会因春季开化而翻浆鼓包，最要命的是，公路上突然出现的羊群和牛群会让你措手不及。这条路线宛如丝路古道之旅，沿途经过比什凯克、江布尔（今塔拉兹）、奇姆肯特、塔什干、撒马尔罕、布哈拉、查尔朱和马雷等古城；要穿越野罂粟花盛开的哈萨克大草原、阿姆河和卡拉库姆沙漠等独一无二的自然景观。光看这些地名，我这个文学青年就心潮澎湃了。

早上不到6点，我们从阿拉木图出发，向第一站撒马尔罕进发。第一段路程约1200公里，途经哈萨克斯坦、吉尔吉斯斯坦和乌兹别克斯坦三国。第一天，我们共开了十二三个小时，晚上10点才到达撒马尔罕，身子像要散了架子。这才走了一半的路啊！

第二天，又是一大清早赶路，终点是阿什哈巴德。开了不长时间，

1995年4月10日，尹树广夫妇驾车途经阿姆河时合影留念。

便到了乌土之间的边境检查站，离阿姆河也越来越近了。读高中时，我便知晓汉朝大探险家张骞曾到过阿姆河，故对这条"中亚母亲河"有种莫名的神秘感觉。但举目望去，我的心中却极度失望：河水浑浊，几近干涸，周遭黄沙漫漫，一座凹凸不平的浮桥横亘在眼前，过河的大货车和小卧车排成一条长龙，黄尘漫天。

我在边防检查站遇见了查尔朱市海关关长。得知我是中国记者，他热情地提醒："跟着其他车走就行了。一直开就到首都了。"托他的福，没过10分钟，我的日本"蓝鸟"便一颠一簸地跨过了中亚第一大河——阿姆河，开始行驶在连天接地的卡拉库姆沙漠公路上。公路上车辆稀少，有时十分钟才有一辆油罐车从对面驶过。虽说是4月，但骄阳似火，地面温度竟高达50多度，眼前是海浪般连绵起伏的黄色沙丘，只有间或在路边出现的固沙用草方格和沙丘深处闪现的几只单峰骆驼，才能让人联想到生命的存在。

阿什哈巴德是个"大工地"

阿什哈巴德这座人口仅40万多的城市,街道干净整洁,苏联时代标准的"赫鲁晓夫楼"排列有序。印象最深的是,阿什哈巴德就像个"大工地",有许多正在建设的高楼,给人一种蓬勃向上的感觉。

刚刚建成的阿什哈巴德机场,被称为独联体最现代化的航空港之一,一条笔直宽敞的大马路,将你的视线引向一座红屋顶、黄墙面的宏大建筑群。候机大厅内设施先进,各种服务齐备。

阿什哈巴德又被誉为"大理石之城"。尼亚佐夫大道便是"大理石建筑之道",当地人以她为骄傲。在这条大道上,15座风格迥异的五星级酒店一字排开,酒店的内外均采用雍容华贵的豪华大理石饰面。有的样式极似中世纪的欧洲古堡,有的则形如伊斯兰风格的清真寺……

1995年4月15日,尹树广返回阿拉木图途中,在乌兹别克斯坦古城布哈拉与卖铜盘的手艺人合影。

令人叹为观止。酒店内部的设施和服务堪称世界一流,这种条件在其他中亚国家是不可想象的。

"卖蛋人"阿纳梅纳托夫

"俄罗斯市场"是阿什哈巴德第二大农副产品巴扎(即市场),像阿拉木图的"绿巴扎"一样,一排排的摊床上整齐摆放着新鲜的西红柿、洋葱和茄子等时令蔬菜,苹果、樱桃、巴旦木、核桃和杏仁等干鲜果品琳琅满目,刚屠宰过的牛羊肉一应俱全。巴扎内人头攒动,熙来攘往,让人感觉到一种浓浓的节日气氛。

在苏联解体之初的最困难时期,巴扎堪称中亚社会的"稳定器",人们通过最原始和最传统的交易方式,保证起码的生活必需品,抵御社会动荡和经济转型带来的冲击和痛苦。

在"俄罗斯市场"外面的停车场上,我偶然结识了一位名叫阿纳梅纳托夫的农民,他坐在一辆破旧的"莫斯科人"牌小汽车内,一边啃着面包,一边呷着红茶。他50岁,家住在离首都100多公里的乡下,家里养了好多只鸡,他每天会送老婆到巴扎摆摊,把鸡蛋卖掉后再一起回家。他告诉我:"现在我每月卖蛋的收入是3万多马纳特(1美元约合200马纳特),扣除税金和汽油费等花销,利润能剩一半左右。"

巴巴耶夫教授的三幅沙漠地图

在中国驻土库曼斯坦大使程振声和使馆同志的精心安排下,我采访到了享誉世界的治沙专家巴巴耶夫教授。巴巴耶夫教授是苏联数一数二的治沙权威,土国独立后成为该国沙漠研究所所长兼总统科技顾问,还兼任土中友协会长。

在科学院大楼内一间朴素的办公室里,老教授热情地接待了我。

阿什哈巴德第二大巴扎"俄罗斯市场"一角

他看上去有70多岁了,身材魁梧,背微有些驼,头发虽已花白,但两眼炯炯有神。我至今还清晰记得他的办公室的模样,周围墙上分别挂着三幅大地图:土库曼斯坦沙漠分布图、中亚地区沙漠分布图和世界沙漠分布图。当然,防沙治沙成了我们这次采访的唯一话题。

中亚地区是世界上生态环境最恶劣的地区之一。历史上,阿姆河和锡尔河曾像母亲一样,滋育了古丝绸之路和中亚文明,但由于人类无节制的开发和利用,特别是苏联政府决定在乌兹别克斯坦等中亚加盟共和国种植耗水量巨大的棉花等经济作物,加之开凿长达1000多公里的卡拉库姆运河等明渠,使两河水量的30%白白流失,两河最终注入的咸海变得黄沙滚滚,盐碱遍地,沿湖成千上万百姓失去了捕鱼和航运等谋生手段。当讲述中亚严峻的荒漠化形势时,巴巴耶夫教授表情显得格外严肃。他说："中亚的荒漠化问题完全是人类自身造成的。苏联解体后，虽然中亚各国领导人曾就此开过几次首脑会议，但只是谈谈而已。我们都指望国际货币基金组织和'邻居'的援助。但中亚是我们的家，应该主要靠我们自己的努力才行。尼亚佐夫总统今年3月提出，中亚五国应首先制订各自国家的保护咸海纲要，然后再采取共同行动。"

谈到咸海问题，他显得很悲观："从1966年开始，咸海实际上就不可救药了，因为我们不可能关闭卡拉库姆运河等人工渠道。咸海失去了充足的河流水源供应，中亚各国又大量种植棉花等耗水作物，现在还在扩大粮食作物的种植面积，减少用水量是不可能的。有的学者提出引里海水入咸海的建议，这只是梦想而已。"

巴巴耶夫教授德高望重，在苏联时期就是治沙方面的泰斗级人物，他领导的土库曼沙漠研究所曾是苏联沙漠研究的领头羊。谈话时，老教授的目光不时扫向墙上的地图，时而站起身来，用手比画着特定的地区，仿佛这些沙漠都储存在他脑海中似的。谈起治沙，我从他的眼神里读出"忧心忡忡"来："由于种种原因，目前我国的科研投入仅占国家预算的1%，而且还经常不到位。幸运的是，沙漠研究所的300名科研人员基本保留了下来，他们的科研方向主要集中在四大方面：在卡拉库姆沙漠寻找水源，包括地下水和雨水的收集等，因为发展畜牧业和建设工业基础都离不开水；为约1000万头牲畜寻找草场；确定沙漠中可资利用的土地，力争今年实现小麦产量120万吨；固定沙漠，减少沙漠侵袭和风力作用，保护土地使用面积。因为土地是人类的母亲，人们必须爱惜土地。"

巴巴耶夫教授与中国有着不解之缘，对中国的治沙事业作出过重要贡献。他告诉我，自己的导师彼得罗夫上世纪50年代曾在中国担任专家，许多中国沙漠学者都曾在阿什哈巴德学习过。1985年，当时苏联的土库曼加盟共和国沙漠研究所与中国科学院兰州沙漠研究所恢复了中断多年的学术交往，开始共同研究课题。目前，他正与中国、印度和蒙古的学者一道，绘制新的亚洲沙漠分布图。因为现在使用的地图都是1982年前绘制的，十多年来沙漠形势进一步恶化，老的地图不合时宜了。

告别了这位可敬的治沙专家，我的心久久不能平静。我想起大学时代曾沉醉过的遭受苏联官方批判的文学作品《第四十一个》，这部作品让我对卡拉库姆沙漠和咸海有了刻骨铭心的记忆。故事的背景是十月革命后的苏俄国内战争，一队红军战士押送一队被俘的白匪军人行进在卡拉库姆沙漠中，在咸海中航行的押运船被风暴打沉，原属于两个对立阶级的红军女战士与白匪军官漂流到一个荒岛上，濒死的绝境唤醒了他们最原始的情感——爱情。故事的结尾是凄婉的悲剧。一天，当白匪军官下意识地向驶来的救援船狂奔时，他的爱人红军女战士却下意识地举起枪，将他射杀在水中。他便成为她消灭的第41个"阶级敌人"。这部作品曾对无数年轻的心灵产生过震撼。因为这部作品，我记住了卡拉库姆沙漠、咸海，记住了土库曼的名字。如今，沙漠还在，咸海却几近消失，怎能不让人黯然神伤？！

外交部发的宣传册

在土国外交部新闻司联系采访时才知道，由于建国才两年多，加之外国记者来此地的很少，土方外交部官员甚至不大清楚该如何安排外国记者采访。尽管如此，他们还是在努力做着"外宣"。比如，我在新闻司就收到一份特殊的礼物——一本苏联时代出版的俄文小册子《世界各国的土库曼人》。

我好奇地翻开小册子，里面列出的土国海外侨民群体竟达20多个，其中一章叫"中国的土库曼人"——我国的撒拉族竟是"中国的土库曼人"，我还是头一次听闻。小册子中写道："中国撒拉族人的祖先是土库曼的撒拉儿部落，公元14世纪下半叶从撒尔马罕（丝绸之路古城，在今乌兹别克斯坦境内）迁徙到遥远的中国青海省。撒拉人现已失去土库曼民族的种族认知，代之以部落认知，长期的与世隔绝更使它的语言和风俗习惯等受到汉族的深刻影响……"小册子还介绍说，除中国外，土库曼人还散居在原苏联中亚各国、俄罗斯、伊朗、阿富汗、伊拉克和叙利亚等20多个国家，构成丝绸之路各民族交融的独特景观。小册子是1991年出版的，仅有70页，但它却像沙漠深处的一泓清泉，激发起我不断汲取丝绸之路历史知识的强烈欲望。

1996年，我在阿拉木图采访过我国著名西域史学家魏良弢先生。他告诉我，中国的撒拉族是元朝时期从里海沿岸辗转到我国西北的，他们的长相、风俗、语言和服饰等几乎与现代土库曼人一模一样。土库曼斯坦只是中国撒拉族的祖居地，他们并非真正意义上的土国侨民。这使我对土库曼民族与中国的关系史有了新的认识。这次5000公里的丝路自驾游，我最终虽未采访到尼亚佐夫总统，但所见所闻却让我真切地了解到土库曼这个古老民族的悠久历史和文化传统。

回国后，我结识了中央民族大学著名突厥语学者胡振华教授，使我的"土库曼情结"得以延续。胡教授告诉我，撒拉族在元代的汉文献中被写作"撒剌儿"或"撒剌"，明清也有写作"沙剌""沙剌簇"和"萨剌"的，这都是撒拉族自称"撒拉尔"（Salar）的不同汉字音译。撒拉族的祖先来自土库曼斯坦一个叫作"撒勒尔"（Salyr）的部落，它早已成为土库曼民族的一部分了。而几百年前迁移到中国的一部分撒勒尔部落人又与青海的藏族，甘肃和青海的回族、蒙古族和汉族融合成了一个新的民族共同体——撒拉族。

2011年初，我被派到香港《文汇报》工作，也把那本介绍土库曼人历史的小册子作为案头书，带到了香港。2015年下半年，我专门请《文汇报》西北分社的同事李扬波去青海循化撒拉族自治县实地采访，在报上整版推出撒拉人的长篇通讯报道，受到读者好评，为宣传"一带一路"，为增进中土交流和友谊继续贡献了微薄之力。

交流篇

> 卢敬利：火热的土地，浓浓的情谊
> 刘恕：土库曼斯坦，从不遥远
> 伊尚古雷·伊尚古雷耶夫：伟大丝绸之路的故乡
> 海峰：哦，土库曼斯坦的月亮，那么远，那么圆
> 拉丽萨·阿列克谢延科：我的中国之旅
> 赵峰：土库曼斯坦之"热"印象
> 胡勇：我心中的土库曼斯坦
> 周剑峰：宝马跃千年，中土真情传
> 中国石油土库曼斯坦阿姆河公司：他们共同生活在阿姆河畔
> 戴云：漫漫黄沙里的勃勃生机
> 梅尔丹·别尔德耶夫：从土库曼巴什到昌平：我的求学之路

火热的土地，浓浓的情谊

卢敬利（新华社前驻土库曼斯坦首席记者）

我于2011年8月奉新华社派遣到土库曼斯坦创建新华社阿什哈巴德分社，任新华社常驻土库曼斯坦首席记者直到2016年6月。在将近五年的时间里，我在土库曼斯坦深深地感受到了从总统到普通百姓对中国的友好之情。许多感人场景历历在目，本文仅以追忆的形式，以一个个小故事来展现土库曼斯坦人民对中国人民的友好情意。

议长和副总理请我"搭车"

2013年9月3日至4日，习近平主席对土库曼斯坦进行了国事访问，这是他访问中亚四国的第一站，显示了我国领导人对中土战略伙伴关系的重视。访问第一天，两国领导人进行了会谈，确定了今后的合作方向，随后双方签署了一系列合作文件。

第二天，习主席抵达马雷市，别尔德穆哈梅多夫总统率10名副总理和马雷州州长到机场迎接。当地民众载歌载舞，跳起民族特色浓郁的迎宾舞。机场到复兴气田有一个多小时车程，沿途十万民众身着多彩服装，挥舞旗帜、气球和鲜花，夹道欢迎中国贵宾。

两国元首在观看了复兴气田二期天然气处理工程的沙盘后，坐上电瓶车参观处理厂，中方部分代表团成员、土库曼斯坦议长和10名副总理以及两国记者紧随其后。电瓶车的座位仅够这些领导人乘坐，我们记者只能跑步紧跟在后面。土库曼斯坦议长努尔别尔德耶娃和几位政府副总理乘坐最后一辆车，他们向我招手并大声叫我，让我站到他们的车上。最初,我还不好意思,他们就使劲叫我,用力招手。于是,我就只好站在他们的车上了。这件事让我非常感动。首先,我跟他们打交道并不多,以前从来没说过话,他们能叫出我的名字让我感到惊讶。其次,组织方没给我们记者配备电瓶车,我本来就应当跟在电瓶车后面跑着完成采访任务。能如此关心记者的领导人并不多,他们爱护记者的表现令人敬佩。

总统跟我闲聊

2014年11月中旬,土库曼斯坦总统别尔德穆哈梅多夫结束对华访问几天后,在阿什哈巴德鲁赫耶特宫欢迎独联体政府首脑。上午10时左右,别尔德穆哈梅多夫总统来到前厅,准备迎接各国政府首脑。他从众多外国记者中认出了我,走到我面前,问我是否回国了,并闲

别尔德穆哈梅多夫总统与卢敬利闲聊。

聊了两句。看到总统这样忙还和我打招呼并聊天，其他外国同行都向我投来羡慕的眼光。

我多次参加土库曼斯坦总统出席的各种活动，在后来的两三年中，总统只要看到我，要么向我微笑着挥手，要么右手捂住左胸口点头向我致意。有一次他会见到访的我国高级领导人，落座后，竟然也微笑着点头跟我打招呼。专程从莫斯科赶来采访的中国摄影记者看到这种场面，感到异常惊讶，事后赞叹不已。

近年来，亚欧地区大事多。我曾被调往克里米亚、敖德萨、阿斯塔纳等地参与报道，每年还要到莫斯科参加亚欧总分社地区会议。每次离开阿什哈巴德，土库曼斯坦外交部新闻局都要求我向他们打书面报告，写清楚出差原因、时间和地点。据说，其他外国记者不需要这样做。我就此事问过外交部主管人员，他回答说："你是新华社记者，地位重要。总统在活动中要见到你，如果见不到你问起来，我们能有个交代。"土库曼斯坦的确把新华社记者放在重要位置上。总统主持的内阁会议在谈到外国媒体时，总是把新华社放在首位，后面才会提到俄新社、法新社、路透社、美联社以及土耳其的媒体。

在我即将结束任期回国前夕，土库曼斯坦外交部先是找到我本人了解新华社的用人政策，然后又找到中国大使馆表示要我留任的愿望。土库曼斯坦驻华大使在北京还专门找到新华社社长蔡名照，对我的工作进行表彰，希望让我留任或派出继任记者。

同行不是冤家

在土库曼斯坦，共有新华社、俄新社、法新社、路透社、美联社、伊朗法尔斯通讯社、巴基斯坦的中亚新闻中心、土耳其电视台、土耳其《时代周报》和土耳其通讯社等10家在外交部注册的媒体。其中，俄新社、法新社、路透社和美联社记者都是当地人充任。

卢敬利（中坐者）与外国记者同行合影。

常言道，同行是冤家，而我遇到的同行都是好朋友、好伙伴。土库曼斯坦国家电视台是最早报道当地新闻的媒体，基本是用土库曼文播报。俄新社和法新社记者是我的好朋友，他们一旦听到重要新闻，就会立即给我打电话。例如，土库曼斯坦停止免费发放油票和马纳特贬值的消息，都是他们告诉我的，比当地纸媒的报道早了一天。在报道中亚摔跤比赛时，美联社记者把他掌握的运动员的资料和比赛日程都给了我。在报道赛马时，我忙着照相，顾不上记录比赛成绩，同行就帮助我记录。

土耳其的记者不懂俄文，与我的交流不是很多。但当新华社需要邀请驻土库曼斯坦媒体参加"一带一路"研讨会时，土耳其《时代周报》（土库曼文）总编接到我的电话后立刻欣然同意。他不仅积极参加了研讨会,还在周报上撰写了长文,介绍中国的发展和"一带一路",受到组织方的好评。

我们这些注册媒体记者经常被邀请参加各种重要活动,如土库曼斯坦总统与外国元首的会晤、重要的国际会议、长老会、总统参加的庆典活动等。这些活动等待的时间比较长,我们这些记者这时就会聚集在一起聊天。中国历史、文化、政治、经济经常是聊天的主要话题。他们关注中国,对中国近30年的发展啧啧称赞。

民众很友善

土库曼斯坦民众非常友善。在跟他们的长期接触中,我深深体会到了这一点。

好邻居

我在阿什哈巴德只搬过一次家,却两次遇到好邻居。最初我住在阿恰比尔大街,对门的邻居是一位退休官员,曾担任议会某委员会主任。他两次访问中国,儿子是商人,从事土中贸易。他对中国有着深厚的感情,经常跟我回忆访问中国留下的深刻印象。他家做了好吃的东西,总会送到我家,让我们品尝,还教我夫人做菜。

楼上邻居是海信电器的土库曼代理商,多次表示希望我与他一起参加中国商品展。他儿子举办婚礼的时候,正赶上假日,他就邀请我当摄影师,为婚礼全程拍照。当时,我没有交通工具,出行靠打车。他主动表示,需要的时候随时给他打电话,免费送我到任何地方。这座楼的孩子们见到我,都会叫我叔叔,跟我握手。

后来,我搬到安达利普大街,邻居们更加友好。邻居举办喜事,会邀请我参加。邻居的孩子或妇女经常给我家送来好吃的东西。一次,在阿什哈巴德教中文的中国老师到我家做客,出门的时候看到邻居们

交流篇

卢敬利（右1）参加土库曼人婚礼。

都跟我打招呼，就吃惊地问：难道他们都认识你？我答：对呀，我的邻居跟我们可好了。有两个男孩一见到我，就要走到我面前打招呼，并且向我求证他们听到的关于中国的事情。一次，一个男孩陪着我们散步半个多小时，一路走一路跟我们聊。

好司机

在阿什哈巴德的头两年，我出行基本上都是坐公交车或打车。阿什哈巴德的公交车都是无人售票的，后门上车，前门下车。上车不用打票，下车的时候，给前门司机身旁的塑料盒子或纸盒子里放 0.2

马纳特（后来涨到 0.3 马纳特）就行了。如果身上没零钱，就要把 1 马纳特或 0.5 马纳特交给司机，让他找钱。土外交部所处的地方偏僻，出租车很少，我通常都是打车去，坐公交车返回。有一次，我从外交部领到挂历和台历，因为家里富裕的台历很多，随手就将一本领到的台历送给了公交车司机。下车时，我给他 1 马纳特让他找，他坚决不收。此后，这名司机每次见到我坐车，都坚决不收费，自己掏腰包给我打票。

阿什哈巴德的小轿车基本都拉私活，路人看到车都可伸手打。一些司机是在开出租车，一些司机是顺路。尽管也遇到过黑心司机漫天要价，但绝大多数司机都很实在，不多跟乘客要钱。我曾多次遇到过不收费的司机，他们上下班或办事顺路，就免费将我送到目的地。一次，一个住在郊区农村的农民在得知我是记者后，问我是否看过土库曼农民的家，我说没看过。他就把我拉到郊区，请我喝茶、吃水果，参观他们家院子里的果树和牛羊，还有中国产的刺绣机。

好朋友

在阿什哈巴德，除了中国人和外国记者，我还结交了一些当地朋友。第一位朋友叫阿曼，是我前往阿瑙采访清真寺遗址时认识的。当时，我开车走错了路，便停下车，拦住一辆车问路。这辆车的司机就是阿曼，他怕说不清，就在前面开车引路，把我送到目的地，然后带着我参观遗址，给我讲述有关这个清真寺的故事。于是，我们就成了好朋友，当我需要司机的时候，就给他打电话，租用他的车。他帮我找了打扫卫生的清洁工，还帮我修车。

第二位朋友叫梅坎，是我们楼的锅炉工，我们是在楼下聊天时认识的。当时，邻居们在谈论诺胡尔，说那是土库曼斯坦最漂亮的地方。而梅坎就来自诺胡尔，他问我是否想去，如果想去的话，他愿意当向导。当我问他收费多少的时候，他很生气，说收费就不带我去了。他说，愿意交朋友就一起去玩，收费就不是朋友了。他后来帮我做了很多事情，特别是我离任回国托运行李的时候，都是他帮我找货车，到海关和边检办理手续。

　　这些朋友帮我解决了许多生活上的难题。尽管我近五年常驻土库曼斯坦，那里的华人也不多，可正是因为有很多当地朋友，有友善朴实的土库曼人，我才没感到孤单，在与人交往和日常生活中没感到艰难。土库曼人对我的友好之情永远令人怀念。

土库曼斯坦，从不遥远

刘 恕（中国科协前副主席，荒漠化防治及干旱地区环境整治专家）

在人生的旅途中，每个人都有与许多事和人相结识的经历。但伴随岁月的流逝，有些事和人在记忆中渐行渐远，最终沉淀在模糊中；相反，有些事和人却会久久萦绕在心头，不因时间和距离而变得遥远。对我来说，土库曼斯坦就从不遥远。

卡拉库姆，我科学生涯的摇篮

在卡拉库姆沙漠中，有座已逾百岁的列别捷克荒漠试验站，由于它蕴有丰实的科学资料、实验基地以及多位资深科学家，被誉为"荒漠科学家的摇篮"。上世纪50年代，我被国家送到苏联列宁格勒（今圣彼得堡）学习，按志愿选择了沙漠治理专业。其实，对于我这个出生于大城市的女青年，见到沙漠、认识沙漠是从中亚卡拉库姆沙漠实习才开始的。在那里，我第一次看到了典型的沙生植物梭梭（Haloxylon sp.）、沙拐枣（Calligonum sp.），把叶片退化成小小的鳞片，靠绿营养枝进行光合作用；光裸的流动沙丘上的三芒草（Aristida adscensionis），根系包囊在沙套中；一年能形成三到六个"年轮"的梭梭，无法从年轮上去判定它的年龄。沙漠中植物生命力的顽强和奇特令我震惊。在当地科学家的帮助下，通过考察，我认识到，沙漠中不论是植物还是昆虫和动物，都展现出对沙漠缺水的敏感和适应力的顽强。"适者生存"，生命的活力，在适应严酷的干旱环境而变异自身中获得。列别捷克荒漠试验站的科学家是有智慧的强者。他们利用

1955年,刘恕在中亚卡拉库姆沙漠实习搜集毕业论文资料。

阳光,通过简易的方法淡化苦水供养牲畜;他们在荒漠中培育出甜美的瓜果,在世界各地都难找到。这些在卡拉库姆沙漠中领略到的人和事,都在我心灵中烙下深刻的印象,吸引我探讨干旱荒漠自然规律的兴趣,使我立志献身于这个事业。

  回国后,我在中国科学院工作,因研究铁路防沙,1982年与研究团队一起获得了国家科技进步特等奖,还受邀担任过联合国环境署的沙漠化顾问。卡拉库姆和列别捷克站是我科学生涯的摇篮。虽然在我的人生旅程中,由于工作岗位变化,曾离开专业科研团队,但即或是在一定的领导岗位上,卡拉库姆仍是给我知识、引人觉醒的课堂。1985年,我曾应邀到土库曼荒漠科研所举办的国际荒漠化讲习班讲课,再次走入卡拉库姆和列别捷克站。讲课后,我带着求知的愿望和不解的疑虑,实地考察了卡拉库姆运河区,和同行的朋友一块研讨、思考,开始对曾经崇尚的方法、技术路线进行反思。卡拉库姆运河建设的案例在 1977 年联合国荒漠化会议上被称为世界级荒漠开发利用技术方案，但在收获成功之后，严重的副作用不期而至：水浇地日趋盐渍化，咸海水位下降，居民区尤其是下游地区生活环境严重恶化。在干旱地区，水是生存的命脉，必须善于管水、节约用水，但长期以来，人们在水资源利用上只重开源，忽视节流。中亚地区扩大水浇地后，水资源管理仍是大水漫灌，造成次生盐渍化，重复了伊拉克两河流域苏美尔人的失误。此行中，卡拉库姆又一次成为我们的课堂，它提醒人们，要深化认识自然界的复杂，在对待重大人与环境问题时，切忌过分自信；要勇于面对出现的问题，审时度势，去认真地解决它。

阿·盖·巴巴耶夫，亦师亦友

土库曼人阿加德让·盖里季耶维奇·巴巴耶夫（АГАДЖАН ГЕЛЬДИЕВИЧ БАБАЕВ）是世界著名的荒漠和荒漠化研究学家、自然地理学家。在土库曼斯坦的同行友人中，巴巴耶夫是亦师亦友。上世纪 50 年代后期，当我们在列别捷克站实习时，巴巴耶夫已是该站的研究人员，在指导做课题的学生们，理当是师长。1977 年 8 月 29 日至 9 月 9 日，我曾作为中国政府代表团的科学顾问参加了在内罗毕召开的联合国荒漠化大会。记得在大会的一次研讨会上，当我匆忙赶到会场时，场内已座无虚席，发言随即开始，我茫然地站在入口处不知所措。此时，讨论会的主席、国际土壤学会理事长柯夫达院士亲切地说："欢迎来自中国的刘恕同志。"接着是巴巴耶夫站起来招呼我，让我挤在他与奥尔洛夫斯基之间的座位上，使我正常地参加讨论，也完成了发言的任务。这是我离开列别捷克站近 20 年后，第一次见到土库曼荒漠研究所的同行师友。当时，在中苏关系处于不正常的低谷背景下，他们口称"同志"，热情招呼，诚挚地与我研讨面临的荒漠化问题，体现出令人尊敬的科学家的正直操守。如今 40 年过去，当时的情景

1984年，刘恕（二排左4）参加由巴巴耶夫主持的国际荒漠化培训班，与学员合影。

仍历历在目。

联合国荒漠化大会后，大会所确定的"行动计划"收效甚微。许多知名的专家学者对荒漠化问题并不乐观，如何推进荒漠化防治成为科学家们魂牵梦萦的问题。巴巴耶夫率先提出，"当代的生产方针，包括原理、技术和工艺，不能保证荒漠区土地开发的质量和效益，不管是为了在这种条件下解决人类生活问题，还是为了维护自然环境"，从战略方针上提出了防治荒漠化的策略，体现了这位科学家的深厚造诣。上世纪80年代，我曾有两次机会在土库曼见到他，无论是在他作为土库曼科学院院长的办公室，还是在葡萄园区，都能与他就荒漠开发利用问题诚挚地研讨，从亦师亦友的巴巴耶夫那里获得教益。

巴巴耶夫有着丰厚的著述，包括著作和文章近200本（篇）。其中，刊载在1983年苏联科普杂志《知识就是力量》第2期的巴巴耶夫答记者问——《沙漠，是伙伴还是敌手》，在中国有广泛影响。巴巴耶夫曾于1987年、1992年和2007年三次受邀到中国进行学术交流。2007年，年事已高的巴巴耶夫仍参加了在河西走廊丝绸之路上的甘肃武威举办的活动。时任甘肃省委书记陆浩代表省委省政府致辞对他表示欢迎。陆浩在致辞中特别表明，他自己从巴巴耶夫先生的《沙漠，是伙伴还是敌手》中深受启发，体会到顺应自然规律，科学合理地利用资源，沙漠就是人类的伙伴和朋友；违背自然规律，过度地开发利用资源，沙漠就会成为人类的敌人。在参加完甘肃武威的会议后，巴巴耶夫院士在北京出席了与16家中央媒体记者的座谈会。他特请老友田裕钊教授为他做翻译。巴巴耶夫围绕大家关注的问题回答记者们的提问。他说："我认为，科学研究应该和政策制订有机结合起来，优秀的科学家不仅应深入研究荒漠化的有关科学问题，提出解决荒漠化地区脱贫的可行性建议；还应注重对当地民众的科普宣传和教育，使他们真正懂得保护环境、善待自然是一件与自身利益休戚相关的事情；同时，还要积极影响政府官员，使他们作出的决策与荒漠化地区民众的利益达成一致。"巴巴耶夫院士认为，"人类要抛弃'和自然界作斗争'这类口号，学会与自然界和谐相处。在这个问题上，人们一直存在误区，在苏联和中国，过去常说，人类要征服荒漠，与大自然作斗争。人类是自然界的一部分，彼此应和谐相处。实际上，自然界也不会顺从人类，它对人类任何不理智的干预总会予以反馈报复。人类要用更多的心思关心生态和环境，和自然界做朋友，自然界也会回报人类更多的恩惠。"

巴巴耶夫是以他的学识和睿智赢得中国朋友们的尊敬，增进着土中两国人民间的了解和友谊。巴巴耶夫曾长期担任在国际上有很大影响力的《荒漠开发问题》杂志的主编，而我以及美国、俄罗斯等国的荒漠科学家同行们，被聘作国际特邀编委，延续着友谊与合作。

熟悉又陌生的阿什哈巴德

2009年6月，我与田裕钊、喜文华两位教授应邀出席在阿什哈巴德举行的"复兴世纪新技术应用的科学基础"国际学术会，使我有机会重访了已阔别整整24年的阿什哈巴德。时任我国驻土库曼斯坦大使吴虹滨专门向我们介绍了土库曼斯坦的最新发展，并派员陪同我们在阿什哈巴德观光。这座熟悉又显得陌生的美丽城市，位于科佩特山脉北麓阿哈尔绿洲和卡拉库姆沙漠边缘，意为"爱之城"。1948年10月，这里发生了里氏9级以上的大地震，使整座城市几近毁灭。我们曾熟悉的阿什哈巴德就是震后人民辛勤劳动重建起来的。

今天的阿什哈巴德，已发生了梦幻般的变化，成了一个拥有几百座白色大理石贴面楼座的洁白、明亮、美丽之城。我们参观的博物馆气势恢宏，设有自然、历史、民俗等多个展厅，展品2万余件。博物馆的展示告诉我们，土库曼斯坦的地下蕴藏着丰富的石油和天然气，天然气探明储量为22.8万亿立方米，占世界总储量的四分之一，石油

1984年，刘恕在卡拉库姆大运河岸边留影。历经25年，运河修建后引起的环境问题已显现。

储量 120 亿吨。现今，肉、奶、油等食品均能自给，全民享用免费的电、水、盐、天然气和象征性的付费公交，以及价格低廉的汽油。这些新鲜事物构成了我们对土库曼斯坦、对阿什哈巴德完全崭新的难忘印象。

6月13日，在荒漠所举办的报告会上，一位来自莫斯科的年轻学者用幻灯播放了不同时期的阿什哈巴德市卫星图片，用时间对比展现了阿什哈巴德近20年沧海桑田般的巨变。这些在地面上看不到的阿什哈巴德的昨天和今天，客观真实地展现在我们的眼前，更加深了我们对这个城市的认知。我由衷地祝愿熟悉而又陌生的阿什哈巴德更加美丽。

为了人，为了人的健康

在迎接中土建交20周年的日子里，土库曼斯坦总统别尔德穆哈梅多夫阁下所著《土库曼斯坦药用植物》中译本于2011年11月22日在北京钓鱼台国宾馆举行了首发式。时任中国外交部长杨洁篪、土库曼斯坦副总理兼外交部长梅列多夫、土库曼斯坦副议长巴巴耶夫、中国中亚友好协会会长张德广、中国教育部副部长刘利民、中国人民对外友好协会副会长李建平以及两国和社会各界人士近300人出席。

地处干旱荒漠地带的土库曼斯坦的国土上，生长着丰富的有价值的药用植物。荒漠植物在长期的进化过程中演化出的许多与自身生命活动并无直接关系的代谢产物，即包括生物碱、黄酮、萜类在内的有毒理作用的化合物，其药理具有奇特和不可取代的特征，自古以来被人们用来治疗疾病。荒漠是一个巨大的天然药物制造厂。寄生在荒漠灌木上的一些植物，如苁蓉、锁阳，在中国传统医学中被称为"沙漠人参"，由其加工制作的成品，自古以来被广泛用于治疗疑难疾病。最新研究证明，苁蓉对老年痴呆有疗效。《土库曼斯坦药用植物》是别尔德穆哈梅多夫总统从为了人，为了人的健康和长寿的崇高目的出发，以其丰厚的学识总结而成的土库曼斯坦药用植物鸿篇巨著，为荒

2011年11月22日，土库曼斯坦总统别尔德穆哈梅多夫著作《土库曼斯坦药用植物》、《土库曼斯坦——疗养胜地》和《天马飞翔》中文版首发式在北京举行，时任中国外交部长杨洁篪出席首发式并致辞。（供图：中新社）

漠植物的药用研究作出了贡献。

在2009年6月的阿什哈巴德国际学术会议上，我们在以色列专家手中见到了内容丰富的《土库曼斯坦药用植物》的俄文版本，萌生了将该书译成中文的想法：作为学术资料，它的丰富内涵将为中国荒漠药用研究提供不可多得的信息，同时也是友谊的见证。我们的倡议得到中国中亚友好协会的支持。2010年2月10日上午，中国中亚友协秘书长鲁爱珍、中俄友协陈雷处长与我们一起，到土库曼斯坦驻华大使馆拜访大使，向他说明来意并送上以我们个人名义请求帮助的信函。内容大体为：

"我们毕生从事干旱荒漠研究，深知荒漠区的植物是个巨大的有

2014年5月13日，北京中医药大学授予土库曼斯坦总统别尔德穆哈梅多夫名誉教授称号仪式在北京人民大会堂举行，中国国务院副总理刘延东出席。（供图：中新社）

待开发利用的药库。中国医学的理论和实践都对天然植物药源给予极大重视。最近获悉贵国总统、医学科学博士库尔班古力·别尔德穆哈梅多夫出版了新书《Лекарственные растения Туркменистана》(《土库曼斯坦药用植物》)，我们非常兴奋和关注。我们通过朋友得到了这本专著，打算翻译成中文，在中国正式出版，以便使我国广大读者有机会拜读这本宏著。不知此举是否妥当，能否得到作者的应允，请大使先生帮助支持这项有益的工作。"

之后的事情发展是，我们荣幸地很快就得到作者别尔德穆哈梅多夫总统阁下的同意，在中国中亚友协秘书处的努力工作下，完成了这部宏著的翻译和出版。作为倡议者，每当阅读这本著作时，我总有一种"土库曼斯坦，从不遥远"的感觉。

伟大丝绸之路的故乡

伊尚古雷·伊尚古雷耶夫（土库曼斯坦功勋艺术家）

上世纪七八十年代，当我还是阿什哈巴德艺术学校学生的时候，我就读了许多关于遥远的中国的书，知道那是个到处都有令人惊叹的奇迹和精美艺术、享有悠久的历史和几千年文化遗产，同时又拥有现代科学技术的国家。她还以丝绸、纸、茶叶和陶瓷的故乡闻名于世，所以引起了我们国家众多年轻艺术家的兴趣，大家都想用自己的画作来表述她的过去和现在，描绘她无数的引人入胜的伟大故事。

只要说起中国，我就会想到那众多的商队，它们把丝绸、纸、黄金、茶叶和瓷器运到我们古老的土库曼，而返回时则满载着地毯、棉布、毛皮、果品，还有中国人极其喜爱的帕提亚（安息）产的宝马——据认为，这就是如今土库曼纯种阿哈尔捷金马的祖先。商队离开土库曼

伊尚古雷·伊尚古雷耶夫

中国观众欣赏伊尚古雷·伊尚古雷耶夫的阿哈尔捷金马画作。

后,沿丝绸之路传扬帕提亚宝马的高贵和俊美,到了中国,宝马成了皇帝的专宠。

如今,阿哈尔捷金马的形象成了土库曼斯坦和中国艺术家们画作的重要内容,发挥着两国人民友谊纽带的作用。这些神奇而又无名的宝马也成为我艺术创作的主题,帮助我用自己的视角来观察遥远的中国——伟大丝绸之路的发源地。

2015年3月,我受邀来到北京,参加土库曼斯坦驻华大使馆组织的庆祝土库曼斯坦中立20周年活动。使馆组织了一系列活动,其中有一场画展安排在中国首都著名的艺术中心之一——新保利大厦。画展上展出了土库曼斯坦和中国当代艺术家的作品,我的一些最好的作品也忝列其中。我的画作中大部分是为迷人的阿哈尔捷金马作的画像,还有命题画和文学作品的插图。我这些展品的主题是"我的祖国——

中立的土库曼斯坦"。

为了让广大中国观众能了解土库曼斯坦和中国艺术家们丰富的精神世界，展览会的组织方做了高水平的筹备工作，创造了良好的条件。参观展览的有中国造型艺术的忠实爱好者——各国驻华使团的大使和外交官们，还有在北京各高校学习的土库曼斯坦大学生。

最重要的是，这个展览成了一个平台，让土库曼文化的爱好者们

伊尚古雷·伊尚古雷耶夫的两幅阿哈尔捷金马画作

中国画家王岩松及其创作的"汗血宝马"油画（供图：王岩松）

和美丽的阿哈尔捷金马(在中国被称为"天马")的崇拜者们在此聚会。它也成了土中两国元首提出的复兴伟大丝绸之路和两国人民历史文化传统这一宏大计划的一部分。现在,我可以十分自豪地说,我荣幸地成了第一个参加在中国举办的这一共同展览的土库曼斯坦画家。

展览期间,主办方还安排了圆桌讨论会。我在会上向听众们讲述了在库尔班古力·别尔德穆哈梅多夫总统英明领导下,独立和中立的土库曼斯坦在文化艺术领域取得的伟大成就,历数了我们国内为艺术家们创造的良好条件,也介绍了我自己的艺术创作活动。

近些年来,我到过世界许多国家,举办过多次个人作品展,接触过世界各国的观众,很自然,这更加丰富了我多年的阅历。可是临到要前往北京时,我的心情却忐忑不安起来。在这个展览上,我将首次面对数量庞大的中国观众,这使我产生了一种强烈的责任感。在展览的开幕式上,所有的发言者都极其热烈地赞扬了我的作品,使我心中充满了巨大的喜悦,深深地为我们的祖国、为我们的领袖自豪,也为我们英雄的土库曼人民骄傲,因为他们为丰富世界文化作出了难以估价的贡献。

除了我的画作,展览会上还展出了王岩松等六位中国著名画家和雕塑家的200件精美作品。众人最关注的作品之一是中国著名画家王岩松的画作,作品描绘的是土库曼斯坦总统库尔班古力·别尔德穆哈梅多夫骑乘在一匹被称为"白汗王"的白色阿哈尔捷金马上的情景。

总的来说,在北京举办的这些会见和研讨充分说明,将来继续让土库曼斯坦和中国的艺术家进行交流绝对是重要和必须的。

活动结束后,我参观了北京的许多名胜古迹。在中国看到了那么多东西,给我印象最深的是天安门广场和被称为"故宫"的紫禁城。在丰富的宝贵藏品中,我发现了许多中国古代各王朝时期用于典礼仪式的马匹塑像。它们使我想起古代丝绸之路上艰难前行的商队,中国的商人们赶着从土库曼贩来的"天马"返回家乡,而"天马"就是如今土库曼斯坦阿哈尔捷金马的祖先。令我难忘的还有北京的太庙。2014年5月，这里为来到北京的阿哈尔捷金马举行了盛大的欢迎仪式，土库曼斯坦总统和中国国家主席共同出席了这一仪式。

我还参观了中国首都的另一处名胜——长城，世界最大、最古老的建筑之一。当沿着这座古老建筑的台阶拾级而上的时候，我突然想起阿什哈巴德城外白色的"健康小路"（土库曼巴什健身路），它铺设在科佩特山中，是"伟大复兴"这一历史新时期的具体体现。这条路安装了照明灯，每当夜色降临，灯光开启，就会看到一条白色的链条沿着起伏的山坡蜿蜒前行，宛如童话般美丽。白天，"健康小路"的样子远远看去有些像中国的长城，区别在于，中国的长城是古老的防御设施，而土库曼斯坦的"健康小路"是现代的健身设施。同时，这两者都是我们两国人民各自的象征和自豪。

2016年在土库曼斯坦独立史上占据特殊的地位。这一年，我们的国家要庆祝自己独立25周年，而且这一年的口号是"尊重遗产，改造祖国"。为庆祝这个重大事件，在土库曼斯坦和中国都举行了一系列活动。毫无疑问，这些活动将使我们两国和两国人民更紧密地团结起来。而我们两国的艺术家将成为这些活动的积极参与者，用艺术为这些活动增光添彩。

哦，土库曼斯坦的月亮，那么远，那么圆

海　峰（新疆大学教授）

终于到了，向往了那么多年，终于看见了土库曼斯坦的月亮。飞机从北京整整飞行了约8个小时，终于来到了土库曼斯坦的首都阿什哈巴德。当我走下舷梯，看见一轮皎洁的月亮时，歌手成方圆演唱的那首《土库曼斯坦的月亮》一下便浮出记忆，美丽的旋律又再次回响在我的脑海中。仰望着头顶的一轮明月，我禁不住拿起了相机，想留住这夙愿得偿的美好瞬间……

能有机会如此近距离地亲近土库曼斯坦这个美丽的国家，还应当感谢我尊敬的导师胡振华先生。没有他的帮助和引领，亲眼目睹土库曼斯坦的月亮对我来说可能永远是一个遥不可及的浪漫梦想。胡振华

海峰在阿什哈巴德的夜空下留影。

先生是中国中亚友好协会顾问、国务院发展中心欧亚社会发展研究所研究员、中央民族大学荣誉资深教授，更是在土库曼斯坦学术界享有盛誉的著名学者，也为土库曼斯坦和中国的友谊作出了巨大贡献。我此次有幸跟随胡先生来参加会议，不仅在学术上收获颇多，而且对土库曼斯坦这个美丽的国家有了近距离的观察和了解，下面就让我一一道来吧。

举国上下高度重视的会议

此次随同胡振华先生参加的是土库曼斯坦召开的纪念《突厥语大辞典》编者麻赫穆德·喀什噶里诞辰1000年的突厥语言文化国际学术研讨会。大会主题为"麻赫穆德·喀什噶里——突厥学的奠基人"。会议是在土库曼斯坦总统的倡议和支持下召开的，由土库曼斯坦最高学术委员会、教育部、"米拉斯"（遗产）国家文化中心主办，参加会议的有来自中国、土耳其、西班牙、荷兰、哈萨克斯坦、乌兹别克斯坦、吉尔吉斯斯坦、塔吉克斯坦、阿塞拜疆等27个国家的近百名学者。在此次会议上，各国学者围绕《突厥语大辞典》及其作者交流了许多极有价值的信息。尤其是胡振华先生，作为我国突厥语言研究领域的著名学者，在世界突厥语言的讲坛上充分展现了中国学者的研究成果和研究水平。他在大会上作了题为"《突厥语大辞典》在中国的研究"的主题报告，还分别用俄语和土库曼语向与会者致意，并用流利的土库曼语介绍了中国研究《突厥语大辞典》的成果。胡振华先生向大会赠送了我国民族出版社出版的汉文版《突厥语大辞典》。会议期间，他向与会各国学者展示了他个人参与拍摄的早年在中国新疆发现的麻赫穆德·喀什噶里的墓地及一批珍贵历史照片，引起了土库曼斯坦学者及其他国家参会学者的极大兴趣。

我也作了题为"麻赫穆德·喀什噶里——中国历史上伟大的语言

身着传统服饰的土库曼姑娘在研讨会开幕式上演唱民族歌曲。

学家"的发言,从历史和语言学角度阐述了《突厥语大辞典》的历史文化价值以及麻赫穆德·喀什噶里在中国语言研究史上的地位。参会期间,我深刻感受到土库曼斯坦政府及相关研究单位对会议的重视和精心组织。会议的开幕式是在国家最高会议中心举办的,总统发来了贺电和指示。开幕式和闭幕式上,不仅有盛装的姑娘齐唱国歌,还专门由年长的著名诗人领颂诗词,赞美自己的国家和民族。会议期间,记者和媒体也是一直相随,持续报道,展现了该国重视本民族语言文化传统的良好风貌。

整洁的城市,多彩的文化名片

会议期间,虽在阿什哈巴德仅逗留了四五天,但我对这个城市留下了极为难忘的印象。阿什哈巴德是一座非常美丽干净的城市,街道

海峰（左1）和导师胡振华教授（中）及参会者在土库曼斯坦地毯博物馆的国宝级大地毯前合影。

整齐，高楼林立，和我最初对这个国家带有神秘色彩的想象完全不同。城市非常现代化，交通也十分方便，看不到拥挤的车辆，整个城市显得十分安静有序。自由市场的东西也是琳琅满目，应有尽有。几个著名的地标建筑，如国家会议中心、中立柱、会议中心前的喷泉、地震纪念碑等，都极为高大雄伟，很有气势。阿什哈巴德还有"爱之城""白色的城市""水晶之城"等别称。的确，整个城市的建筑风格极为统一，都是白色大理石贴面的高层楼房。听当地人介绍，这些住房是免费分配的，只需缴纳很少一部分费用便可拥有，而且因为油气资源丰富，居民用汽柴油和电的价格都极为低廉。听到这些，与会学者都露出艳羡的表情。

在会议组织者的安排下，我们还参观了总统博物馆和地毯博物馆。土库曼斯坦人民对已故的首任总统尼亚佐夫极为崇敬，不仅我们参观的总统博物馆展示着很多与尼亚佐夫有关的艺术品和重要历史文物，包括各种他使用过的物品、他倡导的建设成就，各种绘有尼亚佐夫总统肖像的精美艺术品，反映他的家庭和成长历史的绘画作品，他亲自撰写并署名的指导全国人民精神生活的圣典著作《鲁赫纳玛》等，而且从我们接触到的许多事物都可以看出尼亚佐夫总统的影响，如乘坐的飞机机舱中、大巴车中，会议的大小会场里都悬挂着尼亚佐夫总统的肖像，反映出人们对首任总统的怀念和尊敬。

在地毯博物馆，我们深刻领会到了土库曼斯坦作为地毯起源国之一的骄傲和自豪。土库曼斯坦的国旗上就是将全国五个州以五种地毯花纹的形式展现出来的。博物馆中有堪称吉尼斯纪录的硕大的地毯，也有各种织有领袖头像、汗血宝马、国家历史遗迹的各类地毯，琳琅满目，美不胜收，充分展现了土库曼斯坦地毯高超的制作工艺和悠久的历史。参会者深深感受到，地毯艺术已成为土库曼斯坦的一张亮丽的文化名片。

地毯织出的梅尔夫古城景色

美丽的土库曼斯坦当然不仅仅有地毯，它的许多物产都堪称世界著名。例如，我们在地毯博物馆和街上，到处都能看见土库曼人引以为豪的"汗血宝马"的形象，他们称之为阿哈尔捷金马。在中国历史文献中，阿哈尔捷金马被称为"天马"和"大宛良马"。据说，亚历山大大帝、成吉思汗等许多帝王都曾以这种马为坐骑。我国史书中的"汗血宝马"即源自阿哈尔捷金马，所以我国在介绍土库曼斯坦的宝马时总是将其称为"汗血宝马"。此马产于土库曼斯坦科佩特山脉和卡拉库姆沙漠间的阿哈尔绿洲，是经过3000多年培育而成的世界上最古老的马种之一，也是土库曼斯坦赠送给友好国家的最珍贵礼物。中土建交以来，土方先后三次将汗血宝马作为国礼赠送中方，增进了两国人民的感情。汗血宝马已经成为中土友谊的使者和两国人民世代友好的见证。

美丽的女子恪守传统的服饰

在未去土库曼斯坦之前，我只知道土库曼斯坦的月亮。到了土库曼斯坦我才知道，土库曼斯坦还有比月亮更美的姑娘。在阿什哈巴德的大街上，你随处可以见到身材高挑、身着传统民族服装的姑娘袅袅而过。的确，土库曼斯坦的姑娘有一种别样的美。她们大多身材高挑、长相俊美，具有独特的风情与气质。最为醒目的是，无论是街上的日常穿着，还是会议期间、工作期间，姑娘们都是身着传统服装，即长及脚踝、领口均有红黄黑三色交织精心绣制的长裙。姑娘们喜爱戴头巾、编辫子，并在发梢缀着各种装饰。她们通常用绿色、紫色和蓝色等鲜艳的衣料缝制服装。我们参观博物馆和参加会议期间所见到的讲解员姑娘、演出的姑娘、采访的记者姑娘，无一不是以这样的服装出现的，让我们深深感受到土库曼斯坦人民珍视民族传统、喜爱民族服饰的真情。

研讨会期间,土库曼斯坦资深女记者身着传统服装采访胡振华教授。

土库曼斯坦男子的民族服装包括用黑色、白色和褐色羊皮缝制的高帽,领口精心修饰的长衬衫,肥大的裤子和东方式的长袍,现在城市里也多穿西服。我们见到的学者和城市居民都是身着西服,而且在总统的倡导下,一律不留胡须,显得十分精干帅气。

悠久的历史、与中国深厚的友谊

土库曼斯坦是一个具有悠久历史的国家,是漫长的丝绸之路上重要文明的创建者和承载者,历史上曾经建立过辉煌的塞尔柱王朝。在博物馆里,我们看到了地毯织就的古城马雷。它也叫梅尔夫(Merv),在中国的史书上又称蒙奇、马鲁、麻里兀、马兰,是土库曼斯坦马雷州的一个绿洲城市。梅尔夫古城处在撒马尔罕和巴格达之间,是古代丝绸之路上的重要节点。1999 年,联合国教科文组织将梅尔夫古城列入世界文化遗产名录。马雷是中亚地区丝绸之路沿线最古老、保存最完好的绿洲城市,这片宽阔的绿洲横跨了 4000 年的人类历史,有许多纪念性的建筑。此外,土库曼斯坦还拥有著名的库尼亚—乌尔根奇古城,它位于该国东北部,古城里有一系列 11—16 世纪时期建筑的遗迹,包括一座清真寺、古代驿站的门、堡垒、陵墓和一座尖塔。这些遗迹还多少能够展示当时建筑和手工艺方面的卓越成就,其影响力波及伊朗、阿富汗和 16 世纪后期的印度建筑。这些都证明,土库曼斯坦在丝绸之路上创造过灿烂的文明。同时,它也是一个非常热爱和平的国家,阿什哈巴德市中心高耸的中立柱就是最好的证明。土库曼斯坦在 1991 年独立后不久,就向联合国递交了关于获得永久中立国地位的申请并很快得到批准。现在,土库曼斯坦还有专门的中立日来庆祝国家的这个光荣地位。

现今的土库曼斯坦虽然与中国相距遥远,也是中亚五国中离中国最远的一个国家,但一直与中国保持着友好关系。两国不仅有延续千年的历史友谊,近年来高层互访也十分频繁,民间来往非常积极。我们在参会期间也深深感受到了土库曼斯坦人民对中国的友好情谊。从会议组织者到记者,到普通饭店工作人员,当我们说来自中国时,他们总是报以热情的问候和亲切的微笑,让我们每个人都感觉十分亲切和友好。土库曼斯坦国立大学也开设有汉语课程,接待我们的学者 Serdar 先生就是一位高校汉语教师,也是对中国极为友好的人士。后来,在胡振华先生的帮助下,他还在中央民族大学任教了一段时间,为增进中土友好作出了贡献。

值得一提的事,我的母校新疆大学近年也做了一些加强中土友谊的工作。2014 年是土库曼斯坦诗人马赫图姆库里诞辰 290 周年,为促进两国文化与人文交流,新疆大学绿洲生态教育部重点实验室、新疆大学—清华大学中亚发展研究中心、新疆大学中亚研究院和土库曼斯坦科学院马赫图姆库里语言文学研究所共同努力,在我国科技部"土库曼斯坦应对全球气候变化条件下的生态环境保护与资源管理联合调查研究"国际科技合作项目的资助下,收集、整理、翻译了《马赫图姆库里诗歌选编》。马赫图姆库里的作品一直受到世界各国哲学家、历史学家和文学家的关注,胡振华先生指导的博士生、我的师姐、中央民族大学教授米娜瓦尔·艾比布拉就曾翻译出版过《马赫图姆库里·斐拉格诗集》。这次新疆大学再次出版这位诗人的作品,显示出中国学界对土库曼斯坦历史文化的重视和热切的交流意愿。2014年4月14日,《马赫图姆库里诗歌选编》中译本首发式系列活动在新疆大学隆重举行。土库曼斯坦驻华大使与校长塔西甫拉提·特依拜共同为新书揭幕。不久,5月15日,土库曼斯坦总统别尔德穆哈梅多夫授予新疆大学校长塔西甫拉提·特依拜"马赫图姆库里奖",以表彰他为研究、传播和宣传马赫图姆库里创作遗产所作的贡献。这可以说是古老的丝绸之路上中土友谊的又一段佳话。

　　土库曼斯坦对我来说,就曾像一位遥远的沙漠中的美女,那里的一轮明月也曾承载了我无数浪漫的幻想。但是,当我走近她,却发现她是那样亲切、那样温和,仿佛一个久未谋面的故人,又像一个亲切的邻家姑娘。哦,美丽的土库曼斯坦,美丽的阿什哈巴德,我将永远珍藏你的美丽和神奇。

我的中国之旅

拉丽萨·阿列克谢延科（北京金达万年贸易有限公司法人代表，前土库曼斯坦国营医疗设备公司总会计师）

  中国会改变每一个访问过她的人。一系列的偶遇和神奇的中国之旅永远改变了我的生活。现在，这里有我的房子、我的家庭、我的工作。到过中国这个谜一样的国度一次，我就明白了：我将会爱她一辈子。

  当我还是个中学生的时候，就对中国有了那么一点了解，但那不过是历史和地理课上讲的东西而已。对我来说，中国仍是个谜。这真是命啊！当我在国民经济学院国际传媒专业上学，研究其他国家经济的时候，就被谜一样甚至带有神秘色彩的中国悠久的传统、哲学、建筑、文化所吸引。一天，我正埋头钻研外国经济，偶然看到了一本关于中国的书。我只稍微翻了翻它，就立刻被那些从未见过的中国精美建筑的照片所吸引，兴奋无比。那些色彩鲜明的古建筑、各地不同的自然风光、面带神秘历史沧桑的人们，这一切都等待着外人去探索。当代中国是什么样，也同样值得人们去了解。中国，可是给了世界如此众多发明的国家：造纸术、指南针、火药、印刷术，和所有赶时髦的人都追求的丝绸，还有世界各国饮食中的不可少的东西——面条。

  中国和土库曼斯坦的友谊可谓源远流长。远在2000年前，从古老的中央帝国的首都长安到土库曼斯坦的古代都城梅尔夫，沿着古老的丝绸之路往来的商队就把我们两国人民联系起来了。上世纪90年代初土库曼斯坦独立后，中土两国的友好关系开始进入新的发展阶段。我也有了机会同中国老百姓交往，更多地了解他们的历史、日常生活、文化、习俗和饮食。

  我的第一个中国好朋友是让娜（中国名字叫蓝竺），她到阿什哈

交流篇

梅尔夫古城

巴德来是研究中亚各国文化传统的。我很幸运地有机会陪同她沿着土库曼斯坦境内的丝绸之路古道进行考察。我们长时间地讨论中亚国家的文化，彼此有了深入的了解。就是在此期间，我作出了一个决定：完成自己的夙愿，到中国去旅行。于是，我们决定先走走连接中亚各国的历史古道，然后再去看看广阔的中国大地。

我们的旅程从古老商队走过的丝绸之路开始。我们很想看看这条古路留下了什么痕迹，为此我们从阿什哈巴德乘火车前往马雷（古代称梅尔夫）。马雷用炽热的阳光迎接了我们。从穆尔加布河畔吹来的清风拂动着我们的长发，使我们心情激荡，期待着早些见到那些古迹。古城梅尔夫自古就是通往中亚的大门。它坐落在穆尔加布河畔广阔的平滩上，旁边是拜拉姆—阿里城，离现在的马雷城不远。早在公元前，梅尔夫就是丝绸之路商道上最重要的交通枢纽。在中世纪，它的居民曾达数十万人，但这座昔日辉煌的古城如今只剩下房舍和城堡的废墟。能如此近距离地接触历史，用自己的手去触摸历史，真是太让人激动了。当年，来自古城长安的长长的商队就经过这里，它们带来洁白如雪的精美瓷器、五颜六色的绸缎和香气扑鼻的茶叶等稀奇的商品，带走的

151

则是土库曼最优良的"天马"。

我首次前往中国的时间就要到了。那时还没有从阿什哈巴德直飞北京的航班（直航是2004年8月开通的），不过路途遥远算不了什么，我这可是要亲身前往神奇的中国啊。我买了从塔什干中转的机票，然后就开始漫长难熬的一个月的等待。亲眼见到这个神奇国度的愿望使我坐立不安。期待已久的那一天总算到了，我终于坐上飞机去实现自己的梦想。很快，我就踏上了这块陌生的土地，让娜在北京机场迎接了我。从这一刻起，我就开始了解中国这个即刻并永远征服了我的国家。

当然了，我首先熟悉的城市是北京。北京现代化的高楼使我震惊，而旁边竟然又是各个历史时期的古迹。中国的大地上保存着始于公元前的古老、丰富的历史元素。古老的寺庙、皇家的宫殿、多层的宝塔装饰着各个时期的古建筑群，与高耸入云的楼宇和商业娱乐中心和谐相处。城市的主要广场——天安门广场的规模让人惊讶，它大得让你无法一眼窥其全貌。广场上有很多人在放风筝，它们都垂着五颜六色的彩带，多得让人数不清。穿过马路，我们来到了北京最主要的古迹——故宫（紫禁城）。逛故宫要花一天时间，其实就是花一整天也看不完中国古代皇帝拥有的各种宫室。皇帝的宫室不光包括寝室和办公室，还有书法练习室，这里保存了各种书写工具和书法作品；有文化娱乐室，这里有各种宫廷玩具和乐器；有坐禅室，其窗户朝向花园，让坐在里面的人可以欣赏优美的自然景色，从而达到心神的安宁。

走完故宫的长廊，我们又去逛北京古老的胡同。三轮车夫们大声招呼游客来乘坐这种奇特的交通工具。不时有人从车厢的窗户外递进沾上糖的小小的红果子——冰糖葫芦，这东西可真好吃。还有那随风飘来的味道！浓烈的气味来自众多的小胡同，那里有各种各样的小吃，它们被添加了辣椒和各种佐料，能马上勾起人的食欲，让你忍不住就想尝尝。可是那味道呀，有时简直无法形容，有的让人吃不惯，有的根本无法接受。

在北京逗留的日子里，我们还游览了许多公园和名胜，它们都使我惊讶不已。但最主要的是人，是他们脸上开朗的微笑，是他们对外国人的热情——而这些外国人正是前来了解他们的国家、他们的传统和他们的文化的人。我惊奇地看到，每天早上，在北京所有公园都有老人们在练习太极拳，这是一种锻炼人的身心的体操。太极拳由一连串缓慢的、乍看有些神秘的动作组成，这些动作就像中国的书法家用毛笔蘸上墨汁在宣纸上书写稀奇古怪的汉字一样，似乎难以预测其运动的方向。但是，谁要说它们无法预测，那他就是不知道这种古老的体操其实是有严格的规则的。它的基础是两种元素——阳与阴、雄与雌、刚与柔、紧与弛——的结合。它的特性就是能使人达到心灵的安宁。北京的街头有许多人，但同时却让人感到一种安宁。

我们旅行的下一站是西安。西安是13个朝代的故都，有悠久丰富的历史，传奇的丝绸之路就是从西安开始的。这里有许多仿制的丝路文物，甚至当地的饮食都留有中亚的传统印记。我们去品尝了有名的泡馍，这是用煮好的羊肉汤加上碎羊肉块和掰开的馍（类似于馕）做的。这种食品最早出现在西周时期（公元前11—前8世纪），而现代版的泡馍则被列入了世界非物质文化遗产名录。在土库曼斯坦有一种类似的饭食，叫"朵各拉麻"，也是羊肉汤泡上掰碎的馕。

我们两国的大地上到处都是谜题和秘密。我们两国都有源远流长的历史，而中国古老丰富的历史是从公元前许多世纪开始的。中国的每次考古发掘都会有足以震撼人类想象的文物出土，其中一项发现就是为数众多的兵马俑。这支大军由8099个赤陶兵俑和战马俑组成，最奇特的是，所有的兵俑和生活器具都是按照真人的尺寸和实物的全部细节做出来的。这些兵马俑是公元前210—前209年为了给秦始皇殉葬而烧制的。这一震撼的情景足以颠覆一些人以往的看法，证明在如此久远的年代中国人就已经掌握了极为复杂的制作陶俑的工艺。

就这样，我在中国过了七天，该回家去了。

2009年"六一"国际儿童节之际,时任中国国家主席胡锦涛到北京市朝阳区芳草地国际学校日坛校区考察,与中外孩子们一起画京剧脸谱。右2为拉丽萨的大女儿梁丽娅。

我人回到了家里,可满脑子全是在中国留下的印象,有时似乎觉得自己是从神话故事里回来的。而且,我肯定自己还会回到这个神奇的国度,因为我看到、听到的还只是些皮毛,还有很多东西要去了解。到家以后,我全身心地投入,阅读有关中国从古至今所有事情的书。我对中国的一切都感兴趣。

过了半年,我又回到了中国。上次来是夏天,这次来可就是冬天了,正赶上传统的春节(中国的新年),这让我了解到更多中国人的传统习俗。我的女友让娜叫我到家里过年,这让我乐疯了,虽然这违反了中国人春节只和家人团聚的规矩——春节是家庭的节日，我是让娜的朋友，而朋友通常只能在节日的第三和第四天上门做客。

"春节"这个词的意思是"从冬眠中醒来"，就是说人生命中最重要的季节—春天来了。这意味着生命中新的一页：新的收获、新的计划、新的梦想和希望。生活会把一个家庭的成员抛撒到全国各地，春节时他们都要赶回家里，拜见父母，和兄弟姐妹聚会，见见家庭新成员。按传统习俗，春节时所有的家庭成员都要围着圆桌坐下吃饭。今天，全家几代人聚在一起与其说是为了祭拜祖先，不如说是希望寻求一种感情上的交融和支撑。尤其对于年轻人来说，他们可以在父母的身边舒缓一下社会飞速发展所造成的精神压力。

每个家庭都认真地准备过年。家家户户都打扫房间，无论城里还是乡下，门窗都要贴上祈求幸福、长寿、发财的年画或剪纸。春节的餐桌上最主要的饭是全家一起动手包的饺子。我也学会了包饺子，其形状和我们所熟悉的食品很不一样。包好的饺子有那么几个里面藏着硬币或糖块之类，作为新年的幸运礼物。我和让娜各包了五个藏硬币、红枣或豆腐的饺子。桌边围坐了15个人，我吃到了两个硬币和一个枣，这可是大吉大利！按中国习俗，年夜饭必须极为丰盛，要做好多道菜。这几天里，我知道了许多中国菜里使用调料的方法，学会了根据气味判断各种调味品，以及怎样把它们调在一起使用。我最喜欢的菜是浇上甜酸汁的咕老肉和拌有辣椒、花生的宫保鸡丁，我还第一次品尝了苦瓜并学会了用它做菜。中国菜的品种太多，我还得学很久很久呢。

我们用色彩绚烂的各种爆竹、烟花欢度除夕夜。据说，爆竹声可以把恶鬼从家里驱逐出去。农历新年的头几天，人们都去串亲戚、探访老朋友，已出嫁的女儿要回家看望父母。孩子们会得到红包，那上面画着新年的图画，里面则放着钱。

节日持续了一周。让娜家里来了许多客人，我们也走出去探亲访友。待客的餐桌总是那么丰盛，人们也总是说许多吉祥话。而节日里最主要的娱乐，就是打麻将。

麻将是一种很吸引人的游戏，使用的骨牌很像多米诺牌。据说，麻将可以提高人的记忆力和观察力。整套麻将由144块骨牌组成，每种牌有4张。骨牌分条、饼、万三类，每类各有9张，可摆出白、绿、红三条龙，有东、南、西、北四风，还有春、夏、秋、冬四种补牌和竹、兰、菊、梅四种花。牌局由四个人玩，各自为家。开始时要把牌面向下洗牌，两个一墩码好，然后分成四条龙围成一个四方，每方对着一个玩家，开局时要掷色子决定从何处断开抓牌。玩家按序从牌垛各抓13张牌，把它们面向自己摆成一排，称为"一手牌"。能按牌规最先凑齐一副牌的就是赢家，他要把牌摊开并宣布自己"和"了。我到现在也没能搞清楚这种游戏的精微奥妙之处，玩得很差，总是输。

让娜还教会我一种精细的手艺——剪纸。这需要特别仔细地在纸上剪来剪去，你看着这张纸，简直就无法相信是自己的手剪出来的。初学时，我屏息静气地观察让娜的手如何在一张平滑的纸上来回移动，当然，到我剪的时候那就差得远了。可是尝试学着剪真是特别有意思的事。中国人，特别是在乡下，通常在春节前把剪纸贴到玻璃窗上来装饰房间，传统的窗花式样有鸟、动物和吉祥图案。门上也装饰着祈福用的年画和对联，内容是吉祥、丰收、发财等。剪纸还用来装饰灯笼——中国人无论过什么节总是要挂灯笼。人们的衣服、枕套、被罩上也要绣上和剪纸内容类似的图案。

又得和好客的中国告别了。这次来中国，我又结交了新的朋友。让娜的家热情地接待了我，使我度过了一个美好的节日，它成了我的家。告别时，她的家人给我送了扇子和龙形玉坠（龙是我的生肖属性），顺带着，他们还给我讲了这些珍贵礼物的故事。

很久以前，中国就有扇子了。在古书、古画上，画有很多手持扇子的达官贵人、淑女。扇子有绸面的，也有骨、竹、纸、棕叶做的。扇子既被京剧演员们用作休息时的玩物，也能给田间耕作的农夫送去凉爽。扇子是中国文人、哲学家、诗人、画家的忠实伴侣，他们既用扇子去暑，也在扇面上抒情写诗作画。中国的博物馆里收藏了大量的扇子。古代的哲学家和诗人喜欢在扇面上用文言文写下警世的词句，这些词句并非今天所有的人都能读懂。逛小店铺和大型商场的时候，有几百种扇子供你选购，有带花边的、带流苏的、带吊坠的、刺绣的、檀香木的、镶着螺钿和白银的，价格从几元到数千元不等。让娜家送的那把扇子，我珍藏至今。

　　同样被我珍藏的还有那块玉坠。在中国，玉被称为"神石"，大概是因为远古时代祭司们就用玉与上天和神灵进行神秘的沟通。中国最古老的龙的造型就是用玉石雕刻成的。显然，远古时代人们就已经发现了玉石的神奇特性：盛在玉杯里的水可以长时间保持新鲜，放在玉匣里的食品在酷热天气也可以长时间不坏。人们一直认为，再重的病也可以用玉石治好。古代的医书中就描述了玉石的这种特性。看来，古代的富豪和文人不分男女都竭力佩戴更多的玉带、玉环、玉链、玉坠、玉镯等饰物，绝非偶然。有趣的是，当代学者们的研究也证明，玉石的提神作用并非想象。在按摩时，玉石会对血管和肌肉产生良好的作用，能调节血压。因此，古代的宫廷贵妇才用玉片做按摩，以消除脸上的皱纹，保持容颜，而当代学者们的研究证明，皇后能因此直到暮年还保持着青春的面容。

　　后来，我不止一次地到中国参观旅行。今天，中国已经成了我的第二故乡，我在中国生活了十年以上，我的孩子们在这里长大、上学。我爱上了中国——她的人民、历史、古老的文化习俗、哲学。随着岁月的流逝，中国成了我生命的一部分，就像我生于斯、长于斯的土库曼斯坦。所以，我们两国牢固的友谊使我感到由衷的高兴。

土库曼斯坦之"热"印象

赵　峰（中国外交部领事司三等秘书）

在土库曼斯坦首都阿什哈巴德以北 260 公里，世界第四大沙漠卡拉库姆沙漠的腹地，坐落着一个巨大的火坑。火坑终年燃烧，中心温度高达 1000 摄氏度以上，特别是在日落之后，暮色下熊熊燃烧的火光映衬着冷寂的大沙漠，壮观而震撼。身临其境，感觉如同世界末日来临，这里因此被称作"地狱之门"。据介绍，上世纪 70 年代，苏联一支地质科考队在德维泽村（Derweze）附近勘探时了解到，当地有些天然洞穴，周期性向外漏"毒气"，经常熏死不慎坠入的家畜。地质队员们通过对气体样本的分析发现，所谓的"毒气"其实就是大家常见的天然气。后来，这些洞穴连体发生塌方，形成了一个直径约 50—100 米的巨坑。由于担心不断释放的气体影响周边村民生活，加之对与巨坑关联的天然气储量估计严重不足，地质队决定点燃巨坑内不断泄漏的气体，希望经过几天燃烧，余气会消耗殆尽。未料，这把火一烧就是 40 多年，从 1971 年至今，历经苏联解体和土库曼斯坦建国，"地狱之火"一直在静静地燃烧着，成为当地一道奇特的风景。

"地狱之门"起源的真伪难以考证，却从一个侧面反映了当地油气资源之丰富。有人比喻说，49 万平方公里的土库曼斯坦国土之下蕴藏着丰富的天然气资源，整个国家就像躺在一个"气包"上。土库曼人常说，真主是公平的，土库曼斯坦 80% 的土地为沙漠覆盖，干热少水，却被赋予丰富的天然气资源，庇佑土库曼人衣食无忧，孕育了一个充满热能量的伟大国度。在这里，从自然环境到人文环境，处处可以感受到巨大的热量，让你去过一次就永远难以忘怀。

交流篇

土库曼斯坦"地狱之门"（供图：CFP）

热晴

土库曼斯坦给人的第一感觉是天气热。这个国家地处亚洲大陆中心，属典型的温带大陆性气候，是世界上最干旱的地区之一。3月到10月是土库曼斯坦的夏季，气温长期持续在35℃以上，7—8月间甚至高达50℃。每年"三八"妇女节前后，土库曼斯坦几乎一夜之间由春天进入盛夏，走在大街上，老年人尚未脱去厚重的棉衣，年轻男女早已换上时尚的夏装。首都毗邻的科佩特山脉是土库曼斯坦和伊朗的界山。每年1—2月，山上白雪皑皑，云雾朦胧；3—4月，满山绿草丛生，春意盎然；4月底到5月上旬，罂粟花盛开，为万绿之中平添一抹生机和沸腾。此后，随着气温持续升高，大山逐渐褪去绿色。到6月中旬，高温和紫外线灼烧尽最后一抹绿意，放眼望去，满山尽是枯黄。在最炎热的6月底到9月底，首都的大街小巷白天鲜有人影，唯有被晒得斑驳陆离的柏油马路寂寞地盼望着夜色的来临。大多数时间，街上只有躲在阴凉处的警察、"全身武装"的清洁工和匆匆的路人。难怪有人说："在首都的街道上，想找一个坏人都难。"财大气粗的市政府为方便居民乘坐公交车，在一些主干道上修建了功能齐全的封闭式公交车站，车站里安装了中央空调，供等车的乘客避暑。

我刚到使馆工作时，有经验的同事再三叮嘱，开车库门取车时手不能直接碰触车库门把手，因为门把手是铁的，夏日午后被晒得接近沸水的温度，很多馆员开门时被门把手灼伤过。

其实，在土库曼斯坦，像首都这样的居民聚集地都位于卡拉库姆沙漠的边缘或绿洲地带，夏季气温虽高也不过50多摄氏度。而在沙漠地带，清晨太阳一出来，气温骤然飙升至四五十度，中午前后地表温度更是高达70℃左右。土库曼斯坦多数气田都位于人迹罕至的沙漠深处，这就苦了一线的天然气工人。听在当地工作的中石油工人说，夏天中午前后天气太热，紫外线太强，根本无法露天工作，很多工作队都是抢在清晨和傍晚两头施工。即使在这两个时间段，工人也要穿上密不透气的防晒服，因为此时的阳光同样含有很强的紫外线，且温度也在四五十度，一早一晚忙碌下来，半个靴子都是汗水。

热情

土库曼斯坦的第二"热"是老百姓热情。土库曼人祖先以游牧起家，当代土库曼人天生具有游牧民族的豪放、洒脱。另外，土政府实行高保障、高补贴政策，免费为居民供应水、电、天然气、盐，低价供应燃油、

交流篇

土库曼烤肉

　　食品等生活必需品，实行医疗、教育优惠制度。尽管从数字上看，多数土库曼居民货币收入并不高，但由于政府奉行高福利政策，国家预算总支出的3/4用于补贴社会领域，土居民生活实际上"衣食无忧""安居乐业"。在中国坊间，更有"土库曼人家里煤气灶终年不灭""中东富得流油、土库曼富得漏气"的传闻。天生的秉性和富足的生活，使土库曼人格外热情。

　　土库曼民风热情豪爽，人们认为真主赐予的财富是大家的，应该由大家共享。出门忘带钱，或没钱买车票，或突然上了烟瘾，或天热买瓶饮料，都会随意向身边的路人"要"点钱，不必太多，足够应急即可。这绝不是乞讨行为，而是一种高尚的社会契约精神。

　　阿什哈巴德市有明显标志的出租车很少，而数量众多、随叫随停的私家车弥补了公共交通的不足，一些人以开私车拉活儿谋生。大多数土库曼司机热情而朴实，见你是外国人，更是笑脸相迎，报价也和实际差不多，可杀价的空间极其有限。如果这时你因为一两个马纳特

161

和司机讨价，对方可能连价也不还一踩油门走人，原因只有一个：你这人太斤斤计较，不稀罕拉你走一遭！有的司机直接让你上车，你追问价格，他便说"看着给吧"，其实还真是看着给车钱，多了他不会高兴，少了他也没脾气，真正做到了"不以物喜，不以己悲"。一旦上车，司机便会"海阔天空"地畅聊起来。根据打车人的语言情况，他会用俄语、英语或者象声词跟你聊他们的生活和经历，聊得投机甚至会免单送你一程。我有次打车，司机听说我是中国人，前半程一直痛骂日本法西斯，骂得热血沸腾，后半程则尽讲怎么崇拜毛主席，那真是崇拜得五体投地。最后付钱时，司机发现我钱包里的一元纸币带有毛主席头像，便果断建议本次接单以人民币一块钱的"象征性"价格成交。

热火朝天

土库曼斯坦的第三"热"是热火朝天的国家建设。今天的阿什哈巴德，已经是一座初具规模的现代化城市。从城市最北端的国际机场到最南端的科佩特山脚，主干道所有建筑均以白色大理石贴面，所以该市也被称作"白色大理石之都"。这些高耸的大理石建筑之外，到处都是热火朝天的建筑工地，正在建设着更宏伟、更具想象力的国家政治经济中心。我刚到阿市时，整个城市只有一个综合购物超市，从使馆到该超市要驱车15分钟，较近的一条路沿途都是杂草丛生的废地。后来，该区被规划为2017年亚洲室内运动会场馆区，然后，仅仅两年时间，多个居民区和部分运动场馆就拔地而起，当然，外墙均贴上了白色大理石。

建设中的首都从一个侧面反映了当今土库曼斯坦社会经济发展所取得的成就。土库曼斯坦能源储量丰富，据官方公布的资料，石油和天然气的远景储量为68亿吨和26.2万亿立方米，工业储量分别为2.13

阿什哈巴德市夜景（供图：中新社）

亿吨和2.7万亿立方米，居世界前列。英国著名国际咨询公司"Gaffney, Cline & Associates"称，仅南约洛坦气田储量就高达4—14万亿立方米，为世界第三大单体气田。但历史上，丰富的能源未能得到有效开发，给当地人带来富足的生活。苏联时期的土库曼是距国家行政中心遥远、发展相对落后的一个加盟共和国，到苏联末期，还一度成为阿富汗战争的前哨。独立后，土库曼斯坦领导人励精图治，锐意进取，从本国实际出发，确立了油气兴国和能源出口多元化战略，逐步摸索出一条符合本国国情的发展道路，社会经济发展取得巨大成就。与此同时，大量的天然气美元并没有像中东富豪那样被消费掉，而是在政府主导下用于勘探开发新气田、扶持发展新产业和大规模投资基础设施建设。国家在可持续发展的道路上砥砺前行，结果便是几乎每年都有新的油气资源被发现、新的油气设施建成,几乎每个月都在非能源领域取得进展,每天都有新的居民楼、超市、学校、医院奠基或建成。更难能可贵的是,总统先生关注每一项工程的进展,甚至亲自操刀进行设计或修改设计,而且只要时间允许,他会出席每一座建筑的奠基或竣工仪式。《中立的土库曼斯坦》报记录了总统一年的奔波历程,所谓事必躬亲,莫过如此。

热络

土库曼斯坦的第四"热"是中土之间热络的友好合作关系。2009年底,以中国—中亚天然气管道投入运营为标志,中土友好互利合作进入新的发展阶段。"中国热"在土库曼斯坦悄然兴起,各种中国元素逐渐进入土库曼千家万户。

穆拉特是阿什哈巴德一个普通的小商品批发商。之前,他每年都要数次往来于阿市和伊斯坦布尔之间,从土耳其订购大量物美价廉的货物回到本国出售。当时他认为,阿什哈巴德是世界第二大城市,仅次于伊斯坦布尔。后来,从电视里,他知道了中国,了解到中国经济建设取得的成就,认识到原来东方的近邻蕴藏着如此巨大的商机。2010年初,中土天然气管线通气不久,他毅然买了飞往中国的机票……如今的穆拉特,已经拥有一个批发市场和两个零售商店。近年来,中国商品如雨后春笋般在土库曼斯坦遍地开花,从小商品到机车,应有尽有。走在首都的大街上,随处可见华为、联想、格力、三一重工的广告。随着"一带一路"建设和国际产能合作的展开,会有越来越多的中国企业来土落户投资。现在,像穆拉特一样,每年都会有大量土库曼人商人往来于阿什哈巴德和北京、乌鲁木齐之间。申请来华签证时,穆拉特会半认真半开玩笑地和其他第一次申办签证的当地人说:咱们阿什哈巴德是世界第三大城市,仅次于中国北京和乌鲁木齐。

交流篇

2015年6月25日，在西宁举行的中国（青海）藏毯国际展览会上，一位土库曼斯坦展商正在整理商品编号。（供图：中新社）

达扬奇是一名在中国石油大学（北京）学习油气工程的留学生。在这里，他和其他来自土库曼斯坦的留学生一样，被祖国和父辈寄予很高的期望，如饥似渴地学习汉语和油气知识。近年来，土政府和民众对国民教育的重视程度不断提高，各类学校入学率逐年攀升；另一方面，尽管政府投入大量人力、物力和财力发展教育事业，国内教育资源仍无法满足社会的需求。为此，很多父母把目光投向国外，送子女到操俄语的独联体国家或文化语言同源的土耳其留学。如今，近在咫尺、科学教育水平发达的中国为土库曼学生提供了另外一条途径，更重要的是，中国经济持续快速发展，掌握汉语、了解中国成为很多土库曼人搭乘中国经济"顺风车"、迅速致富的一条捷径。年轻的达扬奇就是来中国追寻土库曼斯坦梦的留学生之一。他选择了中国石油大学的油气工程专业，因为土库曼斯坦以能源立国，油气专业是土国内最炙手可热的专业，学成回国便可以更好地投身油气工业建设，对个人来说，也会是一份收入颇丰的工作。

中国小伙子小王是中石油某项目二级服务商的一名技术员，毕业于四川某大学石油专业。和很多85后一样，刚毕业时他爱打游戏，喜欢电影和时尚，离不开网络。现在，他每年有大半时间要待在位于列巴普州阿姆河右岸的中石油巴格德雷合同区B区块现场提供技术支持。该区块位于卡拉库姆沙漠腹地，是上文提到的夏天地表温度高达70℃的区域之一。然而，比气候更难忍耐的是寂寞。2011年，我随同使馆领导去一线慰问时，先从首都乘飞机抵达列巴普州的土库曼纳巴特市，后从机场驱车到达沙漠边缘的项目A区营地，稍事休整后在沙漠中继续行车两三个小时，才进入位于沙漠腹地的B区营地。特别要指出的是，从A区到B区，完全凭司机经验在沙漠中行驶，如遇上扬沙，就无路可寻。当时的B区缺菜少水，手机网络信号时断时续，工人住在集装箱里，艰苦寂寞可见一斑。就是在这样的环境里，两国天然气工人克服种种困难，保障天然气蓝流按质保量通过中国—中亚天然气大动脉输往中国。如今，小王和他所在的B区都已今非昔比。他可以随时和国内的未婚妻通电话，随地更新朋友圈，记录自己和周围的变化。从他的微信里，你可以看到：B区营地住宅拔地而起，各种娱乐场地一应俱全；小王也不再痴迷网游，他爱上了打羽毛球，还时不时秀一秀早已生疏的篮球技术；他结识了很多土库曼朋友，周末会一起驱车去湖边捕鱼，去沙漠里捕捉小动物；他从土库曼朋友那里学到高超的烧烤技术；等等。最新的一期，他写道："我无时无刻不在想念祖国的家人，特别希望回到他们身边；同时，我也已经习惯并喜欢上了这里的工作、生活和朋友，简单质朴，有意义。很难想象，如果有一天要和这里说再见，我会不会哭。我想，我会把眼泪流给这里的友谊和逝去的时光。"

我心中的土库曼斯坦

胡　勇（北京农学院社工系主任、教授）

　　土库曼斯坦是中亚西南部的共和制国家，永久中立国，首都为阿什哈巴德，大部分国民沿南部山地北侧的城乡居住。世界闻名的卡拉库姆沙漠占其国土面积的 85%，其西侧隔里海面向阿塞拜疆，与伊朗、乌兹别克斯坦、哈萨克斯坦等国接壤，拥有极其丰富的天然气和石油资源。土库曼斯坦所处地理位置虽为干旱、缺乏丰沛降水的亚洲腹地，但勤劳、勇敢而富有智慧的土库曼斯坦人民却创造了一个又一个国家建设的奇迹。

　　2015年11月，受土库曼斯坦文化部的邀请，我在参加国际会议之际有幸访问了这个伟大而美丽的国度。虽然只有短短的一周时间，但的确是百闻不如一见，对比着家人相册里的上世纪90年代的旧照片，再从自己华为手机取景框中看今天阿什哈巴德的美丽街景，我的内心不得不对土库曼斯坦人民取得的巨大建设成就发出由衷的赞叹。因家人工作的关系，我很早以前就对位于中亚西端的土库曼斯坦产生过好奇。在外人看来，那是一个略显神秘的国度，但只要是到过这个国家的人，都会被其广袤的土地，悠久的历史，淳朴、诚实而好客的民风所感动。

　　此次参观访问，在我心中留下最深刻印象的是土库曼斯坦灿烂而悠久的传统文化。这其中，包括土库曼斯坦人民引以为傲的民族地毯、民族服饰和民族音乐。特别是土库曼能工巧匠们纯手工编织的地毯，花纹独特，工艺高超，让我印象尤为深刻。

　　在阿什哈巴德市内的地毯博物馆中，最令人赞叹的是一楼的地毯

2010年上海世博会土库曼斯坦国家馆外景

展示区，这里展示着土库曼最大的纯手工超大型地毯。土库曼地毯蕴含着土库曼民族的审美情趣，其民族的各个地区、部落都有自己独特的地毯纹饰。现今的土国旗和国徽上都绘有地毯纹饰。众所周知，土库曼斯坦是永久中立国，是由五个州组成的共和国，其国旗和国徽上均有五个扁圆形花纹图案。两组样式相似的图案，是该国传统地毯的标志。我第一次看到土库曼斯坦的国旗时，就对上面的地毯纹饰产生了好奇。因为世界上盛产地毯的国家并不少，但只有土库曼斯坦把地毯作为国家符号印制在国旗和国徽上。据土库曼友人介绍，国旗底色的绿色是广大土库曼人民喜欢的传统颜色，白色则象征平静与仁慈；新月象征光明的前途；五颗星象征人类的五种器官功能，即视、听、嗅、味、触，同时也象征着该国的五个州：阿哈尔州、巴尔坎州、列巴普州、马雷州、达绍古兹州。五角星的五个角象征宇宙物质的状态：固态、液态、气态、晶态和等离子态；星与月合起来是伊斯兰教的标志。在地毯博物馆中，我了解到每年5月的最后一个星期日是土库曼斯坦"国家地毯日"。早在2003年5月22日，即当年"地毯日"的前一天，欧洲著名的法国支持工业协会授予土库曼地毯国家股份公司优质金奖。这个著名的地毯博物馆向来访的世人展示着土库曼巨幅地毯，包括：

——"土库曼之心"地毯，20世纪40年代出品，面积为190平方米，重达1吨；

——"土库曼元首"地毯，20世纪90年代中期出品，面积为266平方米；

——"总统"地毯，20世纪末出品，面积为294平方米；

——"黄金世纪"地毯，2001年出品，面积达到301平方米的惊人尺寸，当时为世界最大地毯，载入《吉尼斯世界纪录》。

此外，博物馆里还陈列着不同时期各种图案的地毯、挂毯共千余件，同时还展有百万线头地毯(1平方米有1148000个线头)和双面地毯等，其精湛的工艺和丰富的地毯馆藏给我留下了极其深刻的印象。

在地毯博物馆，为我们作解说的女士都身着传统的民族服装。顺便说一下，虽说是博物馆工作人员，但无论是在阿什哈巴德大街上还是在学校里的女性，基本上都身穿民族服装，佩戴传统民族首饰。无论是怎样的家庭，上街去的女性们都很注意妆容。在访问阿什哈巴德、达绍古兹和尼萨期间，我都能遇到戴黑色或白色羊毛帽子并身穿传统长袍的男性，以及身穿传统红色或蓝色或绿色连衣长裙或长裤的女性。土库曼友人说，从男性的帽子和服装上可以大致猜出其出身于哪个部落；女性的长裙或长裤长至脚踝，女性的头发装饰通常是银色的装饰品，

胡勇（左1）与各国参会代表在阿什哈巴德市参观时留影。

并佩戴手镯、胸针等，一般首饰上都镶嵌有圆形或半圆形的宝石。

　　土库曼民歌婉转、优美，时而高亢，时而低婉，虽然我不懂土库曼语，但是从旋律的起伏中，能感觉出他们似乎在倾诉祖辈创业的艰辛、经历的苦难以及一定要发奋图强的坚强决心。在北京，我曾多次受邀参加土库曼斯坦艺术文化交流活动。这次访问土库曼斯坦期间，我也现场观看了土库曼艺术家们精彩的民族歌舞表演。土库曼人能歌善舞，这与他们的祖辈曾生活在辽阔无垠的原野大地不无关系，在那里，他们可以敞开歌喉，放声歌唱。我虽然没有真正去过土库曼斯坦的牧区，但是在我心中，那里应该是有着蓝蓝的天空，上面飘着像羊群一样的朵朵白云，白云下牧人骑着骏马，驰骋在茫茫的原野上，放牧着羊群、马群。在这辽阔苍茫的原野上，人们自由地呼吸，放声高唱。

在与土库曼斯坦友人的交往过程中，我能深刻体会到土库曼民族是一个坚强、勇敢、慷慨、诚实、好客的伟大民族。土库曼斯坦人民在别尔德穆哈梅多夫总统的带领下，万众一心，在广袤的中亚大地上创造了一个又一个奇迹。正如土库曼著名诗人马赫图姆库里所说的那样：

万众一心，

心与心相连，

凝聚的力量能将顽石化成熔岩，

汇入一个大家庭共用一席餐，

土库曼的前程无比灿烂。

土库曼斯坦人民秉持先人们关于团结一致、共同为国的思想理念，通过一代又一代人的奋斗，终于使独立建国和人民幸福的伟大梦想变成了现实，而且使国家变得更加美丽而富强。伴随我国"一带一路"这一多国互惠共赢的发展战略的落实，随着我国与土库曼斯坦人员和经济往来的日益频繁与层次的加深，中土两国人民之间的友谊之花也一定会绽放得更加绚烂。

宝马跃千年，中土真情传

周剑峰（中国外交部欧亚司三等秘书）

如果不是这次相遇，我不会邂逅卡拉库姆大沙漠的明珠——土库曼斯坦；如果不是这次相遇，我不会结识真诚质朴的土库曼斯坦朋友；如果不是这次相遇，我不会有机会同2000多年中土友好的见证者——汗血宝马朝夕相处，抚摸它锦缎般的皮毛，感受它湿润的呼吸，把它和它的主人——土库曼斯坦总统别尔德穆哈梅多夫对中国人民的深情厚谊交送到中国人民和习近平主席手中。2014年5月的紫禁城太庙，世界汗血马协会特别大会开幕式，这是我同一个国家从一无所知到最奇妙的相遇，也是我最光荣和自豪的时刻。

那是2012年一个冬日的早晨，一个偶然的电话开启了我的这段传奇。中国马业协会来电通报：中国马业协会作为世界汗血马协会成员，在2012年4月出席世界汗血马协会第二次会议时和协会主席国土库曼斯坦方面进行了接洽，表示希望在华主办一次大会，土方对中方理解并共同珍视汗血宝马十分高兴，欣然将大会举办权授予了中方。我立刻把消息报告了司、部领导。用汗血宝马作为中土两国友谊的注脚，再合适不过了。更值得关注的是，土库曼斯坦总统别尔德穆哈多夫正是世界汗血马协会主席，他对汗血宝马情有独钟，曾亲乘骏马参加竞速比赛并赢得冠军。如果届时能邀请别尔德穆哈梅多夫总统出席，那此次大会将是迄今为止中国马业领域最高级别的会议。这一设想很快获得了部领导的支持。方针既定，执行工作即开始有条不紊地进行。我受欧亚司领导指派，开始参与大会筹备和同外方的协调工作。

大会筹备工作启动不久，土方通知中方，土方将派出国家艺术团

300多人的演出团队和总统马队的12匹汗血宝马来华献上最精彩的马术表演,在中国农历马年为中国人民带来土库曼斯坦人民的深情厚谊。同时,别尔德穆哈梅多夫总统还盛情邀请自己的好朋友——习近平主席一同出席大会。

至此,大会从民间团体例会一跃成为两国元首共同出席的国事活动,集中土人文领域交流之精华,将对中土友好和两国关系发展具有重要意义和深远影响。但是,一场怎样的活动,才能充分体现中土两国各自的文化精髓,体现汗血宝马2000多年来在中土传统友好事业中发挥的特殊作用?这是我们必须首先考虑的。

土驻华使馆表示,一个精彩的开幕式对于大会成功与否至关重要,而土方对中国著名导演张艺谋执导的2008年北京奥运会开幕式印象十分深刻。艺术的问题,还是留给艺术家来回答吧!为满足土方的关切,我们立刻安排了土驻华使馆外交官和土方艺术家们到张艺谋导演工作室做客。

张艺谋导演是我崇拜的电影大师,《红高粱》《活着》《千里走单骑》等电影给我留下了深刻印象。这是我第一次近距离同他接触,心中不由得一阵激动。出人意料的是,初见张艺谋导演,他正一边在自己工作室的白板上画着,一边有些激动地说着什么,没有一点演艺界明星的浮夸和架子,倒透着西北汉子特有的直爽和朴实。我们道明来意,他十分高兴,安排我们简单参观工作室后,便开始仔细听土方人员介绍情况。他说话不快,每个字都很斟酌,不时结合北京奥运会开幕式和其他大型活动的视频提出关于制作方面的问题。随着他绘声绘色的描述,大会开幕式的轮廓慢慢跃然纸上,先进的设计理念和最新的舞台技术让土使馆人员和随行艺术家不住点头。末了,张艺谋导演坦诚而直率地说:"既然是咱们的友好国家诚意相邀,这个活儿咱们得接!但是,咱对这个国家的文化还不了解,反正我是从来没研究过。艺术创作讲究个身临其境,凭空做出来的东西可不行!"土使馆外交官当即表示土方愿助一臂之力。

　　这次拜访后没多久，土库曼斯坦政府便邀请张艺谋导演和其授权制作团队——北奥艺通公司赴土考察。中方艺术家们赴阿什哈巴德、马雷、库尼亚—乌尔根奇等城市进行了实地采风，参观了国家历史博物馆、梅尔夫古城等土著名历史遗迹，详细了解了土库曼斯坦的服饰、文化和民族艺术，特别是受到了别尔德穆哈梅多夫总统的亲切接见。别尔德穆哈梅多夫总统本人对大会十分关心，对如何融合中土两国文化发表了重要见解，中方团队十分鼓舞，很快便完成了大会开幕式的初步方案。张艺谋导演把开幕式安排在同紫禁城一墙之隔的太庙，用中土两国少年沿古丝绸之路寻找汗血宝马的故事，巧妙地串起了中土两个不同文明的文化、艺术和友好交往历史，之前我们关于"精心"和"亮点"的疑问已完全被"震撼"和"惊叹"所取代。

　　可以说，张艺谋导演以汗血宝马为题，将大会的开幕式演绎成了一个梦，而我们要做的，就是把梦中的环形巨幕、魔毯飞升、马群奔腾等梦幻般的效果于数月之后的那个夜晚在现实中一一呈现。精彩和困难总是相伴的，这样的造梦之旅，在我的外交生涯中恐怕也不会再有第二次了吧。

　　从人员到马匹、从场地到设备、从后勤到安保……随着大会出席人数和级别的不断提升，千头万绪的筹备工作如潮水般涌来。各种协调会开了一场又一场，记事本用完一个又一个，涉及部门从三五个滚雪球一般扩大到几十个……时间一点点过去，各项工作总算渐次启动并逐渐步入正轨。2014年春节刚过，我们得到通知，土库曼斯坦方面将派外交部先遣组来华，为总统访问预作准备并同中方协调关于举办汗血马大会的有关问题。

　　土库曼斯坦外交部先遣组不但高效率地解决了筹备工作的许多问题，还带来了一个极重要的信息：别尔德穆哈梅多夫总统这次来访将送给中国人民和尊敬的朋友习近平主席一份贵重的礼物——一匹血统

2014 世界汗血马协会特别大会暨中国马文化节开幕式现场

最高贵的汗血宝马。

  我们立即专门召开会议，同农业、海关和检验检疫主管部门共同研究对策，促成了质检总局在1个多月内专门派团赴土，迅速同土方商签两国马属动物进出口检验检疫议定书，解决了赠马来华的法律程序问题。此后，我们协调公安、交通、海关、检疫等部门，为土方马匹来华采取特事特办，给予其必要便利和其他支持，确保总统马术队和国礼赠马在中国运输、饲养、训练、安保工作的万无一失。马业协会还在极短的时间内建成了专门的马场和马房，供土方马匹在华期间隔离、休整。大家都为大会圆满成功付出了辛勤的劳动。

  纵然有千头万绪的工作和各种各样的困难，时间不为任何人停留，

2014年4月4日晚,著名影星成龙跨骑一匹汗血宝马亮相北京太庙,为将于5月中旬举办的"2014世界汗血马协会特别大会暨首届中国马文化节"代言。(供图:中新社)

随着大会召开时间的临近,复杂的协调衔接工作接连不断。大会召开前夕,土方通过驻华使馆表示,中国功夫巨星成龙在土库曼斯坦可以说是家喻户晓,许多土库曼斯坦孩子和年轻人都十分崇拜他,别尔德穆哈梅多夫总统也是他和中国功夫的"粉丝"。土方非常希望成龙能够参与大会开幕式的文艺表演。

为此,大会组委会盛情邀请成龙献艺,并为其专门创作了开幕式主题歌《龙马精神》。但几天后,成龙所属的经纪公司打来电话表示,由于大会举办时间同公司之前早已签约的电影拍摄计划冲突,成龙分身乏术,一旦缺席拍摄将面临高额赔偿,希望我们和土库曼斯坦朋友理解。眼看就要留下遗憾,我们决心再勉力一试,便拿出进行外交条约谈判的精神和劲头专门研究了成龙的电影合约中的责任豁免条款，以及明星走穴演出的许多"潜规则"。经咨询专业律师并请示领导，决定用公函作为成龙离开电影片场的"请假条"，利用合约免责条款为其来京献唱铺平道路。

"尊敬的成龙先生"，当我在电脑屏幕上打出这几个字的时候，不禁会心一笑，没想到第一次给自己儿时的偶像写信居然是这样的情景。在去信中，我们强调了此次大会对中土两国关系的重要意义和中土能源合作造福千家万户的事实，明确了大会开幕式的政府间活动性质，希望两家公司就成龙于开幕式当晚免责赴京演出达成谅解。

最终，成龙借此信成功"请假"，及时赶赴会场并演唱大会主题歌，精彩的演出给中外来宾留下了深刻印象。

汗血宝马是中华文化中的一代传奇，与其有关的故事在中国可谓家喻户晓：张骞出使西域归来后，向汉武帝描述说："大宛在匈奴西南……多善马，马汗血。"（《史记·大宛列传》）汉武帝神往不已，遂派使者携重金前往求马，历经劫难，最后两次劳军远征才迎回这些宝马。汉朝借此大力发展骑兵，最终战胜强大的匈奴，成就一代盛世。此后千余年，汗血宝马总是和强盛、忠勇联系在一起，名扬后世千余年。"人中吕布，马中赤兔"，一语道出它的地位，义薄云天的关公关云长、一代雄主唐太宗李世民、为国为民的大侠郭靖等英雄豪杰，都曾骑着它驰骋四方。对汗血宝马的神往，令我对它们的到来无比期待。

随着土国家航空公司伊尔-76运输机在北京机场缓缓降落，我们终于迎来了土库曼斯坦总统马术队和神秘的国礼赠马。随着货仓门徐徐打开，总统马术队的12匹汗血宝马先后被从机舱中卸下，在骑师带领下进行简单活动。只见黑马毛如锦缎，白马优雅迷人，另一匹金色的更是因为汗水未干，深色汗迹留在浅色皮毛上，远看真如流血一般……宝马们虽已经过近10小时的长途飞行，仍散发着高贵的气质，喷薄着旺盛的活力，令在场的工作人员啧啧惊叹。最后，一匹浑身金栗色、四蹄漆黑的汗血宝马被马术队队长佩尔吉牵到我面前。"它是总统亲自派来的吗？"我问。佩尔吉点了点头。这匹国礼宝马刚下地，便不断想要奔跑腾跃，活动筋骨，显示了良好的健康状况。翻开它的护照，其家族谱系显示是土国徽上汗血马原型"亚纳尔达克"的远房后代，体态、毛色和它光荣的祖先几乎一模一样。

现场完成入境手续后，国礼宝马很快和其他汗血马一同被专业运马车送往友谊马场休息、调整并接受隔离检疫。经过数日在马场的适应和调教，马匹们都基本适应了中国的环境和场地。有意思的是，虽然俗话说"马无夜草不肥"，其实马吃的东西远不止草料那么简单，尤其是对体态和体能都颇有讲究的赛马，每天除专门的饲草之外，还要吃胡萝卜、鸡蛋、苹果、燕麦、苜蓿等各类食物。国礼宝马的特殊地位和乖巧的性格，让所有饲育人员都对它十分喜爱、照顾有加，大家还因为它爱吃苹果，把它亲切地叫作"小苹果"。

为了让马匹适应演出场地，我们提前三天安排所有13匹汗血宝马进驻太庙，并在偏殿外专门为其搭建了临时马房。面对交织的射灯和轰鸣的扬声器，宝马一开始有些烦躁不安，不停嘶鸣，但和具有丰富演出经验的其他"前辈"们相处一段时间后，它逐渐适应了自己的角色。天时地利齐备，马上鞍人上弦，一切就等中土两国领导人亲临了。

2014年5月11日至13日，土库曼斯坦总统别尔德穆哈梅多夫应习近平主席邀请来华进行国事访问。12日晚，太庙的红墙黄瓦格外庄严华贵，大殿前广场凹凸不平的青石板变成了一马平川的"沙场"，"沙场"上空悬起直径10米、高近50米的环形幕布。晚8时整，中土两国元首一同步入太庙戟门，全场千余名来宾报以热烈的掌声。别尔德穆哈梅多夫总统发表了热情洋溢的讲话，习近平主席宣布大会开幕。霎时间，太庙成为梦幻般的舞台：幕布上的立体投影讲述着中土两国少年在古丝绸之路上邂逅汗血宝马的奇遇，他们时而乘魔毯飞到空中，时而在沙漠中走入海市蜃楼，期间还和土库曼斯坦著名诗人马赫图姆

2014年5月12日，中国国家主席习近平与土库曼斯坦总统别尔德穆哈梅多夫在北京劳动人民文化宫共同出席世界汗血马协会特别大会暨中国马文化节活动，习近平主席宣布活动开幕。

库里对话，富有丝路特色的巨幅皮影动画、华阴老腔也获得中外嘉宾的交口称赞。

　　精彩的节目全面而丰富地展示了中土两国的历史文化，可我却无暇欣赏，一直在中控区和主席台间来回穿梭，提醒，更多是祈祷灯光、字幕、提词器和演员衔接等环节不出意外。幸运的是，各个环节总算没出什么大的问题。随着成龙和土国功勋女演员带来的大会主题歌《龙马精神》，总统马术队的骑术表演将现场气氛带到了最高点：只见数匹汗血宝马在沙地上用后蹄站立而起，向主席台方向奋蹄致敬，激起一阵阵雷鸣般的掌声。之后，土库曼骑士们展现了精湛的骑术，在飞奔的马背上时而翻腾跳跃，时而搭起人梯，甚至蒙上眼睛爬到马匹腹下，避开奔跑的马蹄从另一侧爬了上来,让现场观众发出一阵阵惊呼……

马蹄扬起的尘土渐渐落下,在观众们如痴如醉的掌声中,演出接近尾声,两国元首走上舞台,同演员们亲切交谈起来。这时,别尔德穆哈梅多夫总统突然一挥手,身披黄金马鞍和宝石装饰的国礼宝马被骑师带到两国元首面前。别尔德穆哈梅多夫总统边抚摸着宝马的脖颈,边向习主席介绍它的名字。这时,宝马仿佛有了灵性,低下头一边跪下左前蹄,一边将右前蹄伸出下压,向自己的新主人致敬。习主席非常高兴,对别尔德穆哈梅多夫总统和土方表示感谢,并接过了象征马匹所有权的缰绳和马鞭。

在一片片欢呼和掌声中,大会终于画上了一个圆满的句号。我紧绷的神经终于松了下来,疲累、委屈、感慨、光荣……千百种情绪霎时一齐涌上心头,这段两年多来同土库曼斯坦的不解之缘,也终于画上了一个重重的感叹号。

时光荏苒,转眼又是两年过去了。没想到,两年前参与筹备汗血

2014年5月13日,世界汗血马协会特别大会暨中国马文化节在北京太庙开幕,图为土库曼斯坦演员表演节目。(供图:CFP)

2016年8月23日,中共中央政治局常委、国务院副总理张高丽在天津同土库曼斯坦副总理卡卡耶夫举行中土合作委员会第四次会议。图为双方共同签署中土合作委员会第四次会议纪要后握手。(供图:中新社)

马特别大会的那段经历,还是我同土库曼斯坦未来故事的冒号:得益于和土国同事建立的良好工作关系,我还亲历并参与了中土合作委员会会议、中土天然气问题磋商等工作,亲眼见证了两国关系不断迈上新台阶的过程。

我和土库曼斯坦的情谊,中土两国人民的友谊,也将会在一年年生出新的根、发出新的芽、开出新的花、结出新的果。2014年虽然过去了,但汗血宝马将永远奔跑在我和中土两国人民的记忆中。

他们共同生活在阿姆河畔

中国石油土库曼斯坦阿姆河公司

尼亚斯的故事

我叫尼亚斯，来自土库曼斯坦，在中国石油阿姆河天然气公司已经工作了整整 7 年半，目前担任经营计划部经理助理，也算是中国石油的一名老员工了。

我在中国留学了 5 年。我们土库曼人对中国的印象一直还是不错的。很早以前，有一些产品，比如女人用的缝纫机、一些生活用品，还有我们这边女人穿的衣服，都是从中国进口的。

没有到中国之前，感觉她是一个古老的国家、一个伟大的国家，她很大，很多方面都很发达。我们都知道丝绸之路，几千年来就是它联系着我们两个国家。中国人各方面都比较优秀，我去中国，主要就是想学习中国人的各个方面。而且，我一直都喜欢汉语，也喜欢这个国家。

我在学校是优秀学生。在土库曼斯坦，优秀的学生往往有出国留学的机会。我们会有几个选择，可以去乌克兰、马来西亚、俄罗斯和中国。很多人都希望去中国，觉得学汉语挺好的，而且他们对中国似乎更熟悉一些。

我们那时候比较小，也没有出过国，到了北京，第一个印象就是感觉北京很大。我们从机场首先去了语言大学，中间那个路程已经感觉很长，我们的首都从最东边到最西边也没有这么大。而且，很多东西和我们这边不一样，比如楼房的建筑风格，还有很多人骑自行车——我们这边自行车比较少。北京还有专门的自行车道，我们感觉这很漂亮、很舒服。在北京期间，我们去了长城，还去了其他的一些地方。那时候，我们土库曼斯坦上网还很不方便，但是北京的很多街上都有大大小小的网吧，房间里空调、电视、冰箱一应俱全，到处都是现代化城市的样子，比我们发达很多。中国的一切都让我们感到新奇。

  后来，我们坐火车来到长沙。长沙很潮湿也很热，吃的东西都很辣，当时我很不习惯。我们刚去的时候不会说汉语，但中国人很友好，很乐意帮我们，比如说想买东西，不知道怎么说，有些路过的人看到我们是外国留学生就过来，然后开始用英语跟我们交流，帮我们翻译或者是告诉我们这个东西怎么说。

  刚上大一时，我们不知道该怎么打电话回家。有一天，一个中国老师到我们留学生宿舍来找人，说土库曼斯坦有人打来好几次电话，却无法交流，他就用英语，但是那边好像英语一般般，只会说Turkmenistan（土库曼斯坦）和student（学生）两个词，他就想到可能是找土库曼斯坦的留学生，于是就到公寓来找。我们这届的土库曼学生总共只有两个，他就带我们去他家里，让我们用他家的电话往土库曼斯坦打国际长途。当时话费很贵的，好像一分钟就要十几还是二十几块钱。打过去，我才知道之前的电话是我爸爸妈妈打过来的，他们找大使馆要了一个湖南大学的电话，也不知道怎么就打到这个老师家里来了。不仅如此，这位老师还给我们两个留学生一人买了一张50元钱的电话卡，教我们怎么给家里打电话。后来我们成了朋友，一直保持珍贵的友谊。

  五年的大学时光很快就过去了，我本来想留下来读研，然后再在中国找一份工作或者做生意，因为中国很大，各种机会很多。

  虽然那时有留在中国的愿望，但因为我们国家有规定，每个健康的男公民都有义务服兵役，所以我还是坚决地回国了。2008年，我很偶然得知中国跟土库曼斯坦之间要开展天然气合作，中国第一大能源企业中国石油（CNPC）要招聘土国员工。我特别高兴，赶紧去投了简历。

由于我在中国留过学,很顺利地就通过了面试。我特别开心,因为我可以继续用汉语工作,还可以跟中国人在一起工作了。

我还记得拿到录取通知回家告诉妈妈的时候,她特别高兴,说:"祝贺我的儿子,你又可以和你第二故乡的同胞们一起工作了。这下你可以吃到中国菜了,就不会再回家总批评我做的菜不好吃了。"呵呵,因为我在长沙喜欢上了吃辣椒、土豆丝、豆腐、孜然牛肉、西红柿炒鸡蛋、月饼,还有大盘鸡、炒拉面、拌面,以及晚上吃的那些大排档。这么多年过去了,现在不光是我一个人,我媳妇,还有其他家人也都被我感染了,以前都很少吃那么辣的东西,现在却喜欢上辣椒了。

从2008年我进入中石油阿姆河公司工作到现在,已经7年多了。在中国公司,我觉得自己成长很快。因为这里的管理是比较先进、比较现代化的。比如我们的工作计划,以前都沿用苏联时期留下的格式和模板,明明有很多不方便的地方,但是不会主动去更新。现在,中石油阿姆河公司的领导总是不断地鼓励我们学习、创新,让我们去参考一下国际能源公司最新的做法和管理制度,去学习国际化程度更高的其他外国公司是怎么做工作的,再取长补短应用到工作中,不断地把计划做得更好。而且,公司还给我们土库曼员工创造了很好的去发达国家参加培训的机会,我就去英国参加过培训,那里有非常知名的咨询公司和培训机构。每次学习,我都有很大的收获。

去年,上级还安排我到公司的巴格德雷合同区现场进行了3个月的全流程实习,实习内容包括气田勘探与开发、钻井、井下作业、天然气生产工艺和基建等各个方面。这是公司第一次组织这种针对我们土方员工的全流程全岗位实习,我很高兴能够参加。因为对我来说,这是从一名专业人员转向综合人才、复合型人才的一种培养。我以前不太懂石油专业知识,这次有机会从宏观层面了解到公司在土库曼斯坦这些年的发展成就,了解了公司方方面面的规章制度、组织管理模式和技术能力,学习了各部门、各生产单位的作业程序和工艺流程,

中土两国工人骄阳下在油井奋战。

明白了各部门之间是如何沟通协作的。此外，我对公司的企业文化也有了更深层面的了解和认识。这次实习对我个人的发展影响很大。

  以前我做事是比较着急的，容易冲动，喜欢尽快上手，出现问题了再改正——我们这个民族的人大部分都是这样的性格。在中石油和中国同事们一起工作，我发现中国的同事们遇事不着急，先考虑，从各方面考虑一下，想问题很全面。这一点对我个人的影响还是挺大的。现在，我也会在做事之前先研究分析再下结论，三思而后行了。

  2011年12月13日是一个大日子，阿姆河公司在巴格德雷合同区现场举行第二天然气处理厂奠基仪式，我们国家的总统别尔德穆哈梅多夫要来为奠基仪式剪彩。公司交给我一个非常重要的工作，让我在那次庆典上全程担任翻译。给总统当翻译，这可是我以前想都不敢想的事。那段时间，我反复研习各种相关材料，复习专业术语。庆典当天，我作同声传译，总统戴着耳机，听着我翻译的内容，笑得很灿烂。

土库曼工人们手持中土两国国旗,翘首以盼两国元首的到来。

午餐的时候,总统突然问我:"小伙子,你翻译得不错。你在哪儿学的汉语啊?"我回答是在中国留学时学的。他又问:"你在哪个单位工作啊?"我回答说:"我就在中石油工作。"总统很慈祥地笑笑,递给我一小块面包,说:"不错,小伙子,好好干!"我的心怦怦地跳个不停,从前只在电视上见过的总统,如今不仅近在咫尺,还亲自给我拿食物并鼓励我。庆典结束后,我立马给家里打电话,向爱人炫耀说:"你看你老公有多厉害,总统都表扬我了!"中石油给了我这个机会,让我感觉到非常自豪、非常幸福。

还有一次是中国的习近平主席到土库曼斯坦访问,我为他做过一个新闻报道的翻译工作。当时我加班做了一晚上,很辛苦,但也特别开心。能够为中国这个伟大的国家的元首工作,我感觉自己是个挺有价值的人。

如果我没有来中石油工作,可能永远都没有这样的机会与两国元首那么近距离地接触，没有机会参与到一个这么重要的、能够改变我们国家经济发展速度和老百姓生活的大项目里。

在中石油阿姆河公司工作，许多中国同事都是我的好朋友。他们很尊重我们的民族，对我也很友好。如果我工作上有什么困难，他们都主动帮助我解决。我们民族有一种传统——很重视婚礼，如果你看得起我，就会接受邀请，否则就是看不起我。每次我们有同事办婚礼的时候，公司所有能来的中国同事都会来捧场。同样地，如果谁家里有人去世，中国同事们也都会来看望，说一些慰问的话，告诉我们家里有什么困难尽管说，大家都会帮忙。我的亲人们都很喜欢我的中国同事。

记得有一次，我最好的朋友结婚，我去参加他的婚礼，吃饭的时候和别的宾客聊天。有一位50多岁的大叔得知我是中石油的员工后，特别激动，他拉着我说："你们公司真的太好了，是你们帮助我儿子实现了出国留学的梦想，真的太感谢了。"这个大叔是一名在阿什哈巴德机场工作的普通工人，他的儿子学习成绩一直都很好，特别想出国留学。这个大叔看到了新闻里说中石油阿姆河公司有一个留学生计划，每年都会资助十几名优秀的高中毕业生去中国读大学。当然，学生们首先要通过中石油、土库曼斯坦油气署和教育部共同组织的专门考试，才能获得留学资格。这个大叔就抱着试试看的心理给孩子报了名，也没有抱多大的希望。没想到，他们的孩子真的通过了考试，最终获得了留学的资格。而且，中石油阿姆河公司承担了所有的学费和食宿费，甚至连往返中土两国的机票钱都包含在内，没有给他家里增添任何经济负担。这位老人告诉我，他的儿子从北京打电话回来说自己生活学习的条件都很好，每天学习汉语和石油专业知识，很充实，不仅不用花钱，每个月还能拿到中石油的奖学金。他告诉我，特别希望中土两国的天然气合作能够顺利发展下去，这样孩子出国留学回来也可以有地方工作，为国家发展服务。

很多人一听我说是在中石油上班，都说你们这个公司挺好的，为

工作交接

我们土库曼斯坦的发展作了很多贡献。近几年,阿什哈巴德变得漂亮多了,建了很多豪华住宅楼、政府办公楼,还有很宽很漂亮的街道、公园、商场、体育场馆,目前正在建设新机场和奥运村,还有很多其他楼房。其他州和城市发展也很快。除了阿什哈巴德,受益最多的是列巴普州,那里变化很大,人民生活水平整个都上来了。以前缺钱的家庭现在都可以买车,过得挺好。每当听到这些,我都为自己是一名中石油的员工而感到深深的自豪。

这就是我带来的一个普通的土库曼斯坦年轻人在中国留学成长的故事,一个普通的土库曼斯坦年轻人站在总统身边做翻译的故事,一个普通的土库曼斯坦年轻人为国家发展作贡献并且见证自己的国家不断发展壮大的故事。我衷心希望中土天然气合作项目能够成为土库曼斯坦乃至全世界最好的、最经典的能源合作项目,成为人人都羡慕的项目。

一个中国女人眼中的土库曼女性

初识土库曼女人,是在一个同事姐姐的QQ空间相册中。照片上,一群女学生个个浓眉大眼、肤色微黑，高挑瘦削的身材包裹在国旗绿的传统长裙中，两只又长又粗的深咖啡色麻花辫垂在耳畔，头上别着一顶微斜的伊斯兰传统花纹小帽，笑靥如花地走在广场上。她们的身形与我印象中的新疆维吾尔族美少女的形象不谋而合。戈壁大漠中，竟也能孕育出这样灵秀的美女，融合了波斯人与突厥人的特征，神秘而美丽，土库曼斯坦真是一个神秘的国度。

　　来到土库曼斯坦工作之后，形形色色的土库曼女性见得多了，我对她们有了新的认识。土库曼人传统、淳朴、勤劳、善良的民族个性，比她们的外貌更令人印象深刻。

　　土库曼斯坦是传统的伊斯兰国家，伊斯兰文化根植于人民生活的方方面面。无论春夏秋冬，传统的土库曼女性总是一袭连身到脚踝的长裙。长裙一般是手工剪裁，把女性的玲珑曲线和婀娜身姿表现得恰到好处。长裙的材质和色彩则会随季节的变化而变化，春天色彩斑斓，夏天清爽宜人，秋季绚烂缤纷，冬季则温暖厚重。我曾经着迷于这样充满异域风情的长裙，也找裁缝做了几套，过了把长裙瘾。土库曼的未婚女性要梳长辫，而已婚女性则要包上头巾。让人觉得惊奇的是，

当地长老和村民一起品尝净化水厂流出的甘甜纯净水。

土库曼女人脚上的装束居然是拖鞋，连大冬天也是穿一双拖鞋在路上走。我想，可能是土国人家里都习惯铺地毯的原因，穿拖鞋比较方便。

在家庭里，土国女性一直扮演着贤妻良母的角色。女孩从小就被教养为勤快的主妇，整理房间、烫熨衣物、烹调膳食，这几项全世界公认的主妇操持家务的必备技能，在土国女性身上得到了最完美的体现。无论多脏乱的房子，她们一会儿就能给你收拾得整整齐齐，有条不紊。交给她们清洗的衣物，再还给你时，不但干干净净，还熨得整整齐齐，穿着这样整洁的衣服，心情都会变得很好。

在土国，很多女人既要在家里承担家庭主妇的职责，也要抛头露面在外面赚钱养家。而在土国的大街上，能看得到的环卫工人几乎都是蒙着面纱的女性，不管是严寒的冬日还是酷暑的烈日下，都能见到她们劳动的身影。郊外绵延的棉花地里，能看到把自己包得严严实实在酷日下劳作的土国妇女。

随着土国经济文化的发展，受到来自东西方不同文化的影响，土国女性也逐渐从传统走向现代。大街上时常见得到时尚的土国女性的俏丽身影。土国女性不管是传统的家庭主妇还是那些职场丽人，既要从事社会生产，成就自身价值，与男人共同养家，又要繁衍后代，照顾老人，负担琐碎的家务，为家庭付出一腔热血以及人类最神圣的爱而无怨无悔。

正如莎士比亚所说："女人是显示、包藏及滋养整个世界的书籍、艺术及学院。"让我们共同赞美女性的美丽、勤劳、善良和智慧。

老外徒弟说他像父亲

"他就像我们的父亲，"土库曼人巴克扎尔手握焊枪，满脸敬意地看着不远处手把手教他的伙伴们焊接的白金钟，对翻译说道。听了这话，翻译走到白金钟身边说："那边的小伙子刚刚说你像他们父亲一样。"白金钟抬头一瞧，嘿，是巴克扎尔啊，便笑呵呵地朝他走过去。

白金钟是 CPECC 工程一处（大庆油建）焊接总监兼培训教师，今年 49 岁，在土库曼斯坦待了 4 年，培训了 50 多名雇员。26 岁的巴克扎尔是他在当地的得意门生。

"嗯，焊得不错，Good！"白金钟见巴克扎尔的焊接手法和焊道成型状况都不错，点头给予肯定。

"Good？"白金钟是出了名的严格，巴克扎尔听到师傅表扬他，有点不敢相信。

"Good！"白金钟一脸笑意地对巴克扎尔竖起了大拇指。

巴克扎尔松了一口气，开心地笑了。几个月前，白金钟曾很严厉地教训他过呢。

那次，巴克扎尔打磨时形状没达到要求，焊接质量自然不达标。白金钟讲了好几次，巴克扎尔就是理解不了。白金钟又生气又着急，狠狠地怼了巴克扎尔一顿。要知道，巴克扎尔一向勤奋好学，是白金钟最引以为傲的老外徒弟，怎么学打磨就不认真了呢？巴克扎尔知道师父用心良苦，低下头一句话也不说，想着自己的错处，又重新操作打磨那道工序。一个土库曼工人的技术水平就这样慢慢磨出来了。

白金钟知道严师方能出高徒，培训期间，他对待每一个徒弟都很严格，不容许有丁点含糊。在徒弟眼中，白金钟是一位严师，更像一个长辈，知道的非常多，谁有什么不懂的，都围着他请教。

鲁里金和巴克扎尔的汉语就是白金钟教的。"老师""明白的""节日快乐""不好""知道"等简单的词，他们都能听懂，也会说。

"非常感谢白老师，谢谢！今天高兴。"这是鲁里金给白金钟打电话时说的中国话。

原来，鲁里金等 20 多人通过了考试，正式上岗了。鲁里金说，他父母特意嘱咐他给白老师打个电话表示感谢，自己能够学到这项技能，多亏白老师的教导。像约好了似的，那天，雇员绪里汗也给白金钟打来电话表示感谢，还邀请白金钟到家里做客。

隆冬1月第二天然气处理厂繁忙的作业景象

说起来,绪里汗非常感激白金钟。一天,绪里汗得知母亲突然去世,又伤心又着急。"你快回家去吧!"白金钟知道了这事,干脆地说。绪里汗回家得三四个小时的路程,进出基地需要车辆接送,而当天,项目部所有车辆都派出去了。白金钟主动帮绪里汗联系上了兄弟单位的车,把他送了回去。等绪里汗办完家里的事,白金钟又利用休息时间,把他落下的课补上。

49岁的白金钟与他这些20多岁的老外徒弟之间,有一种特殊的感情,就像老外徒弟们说的那样:"白老师像我们的父亲一样。"焊接练习场地是露天的,天冷时,白金钟会叫徒弟们到房间里歇一会儿;药皮子到徒弟眼睛里,他帮着取出来;徒弟们家里有事了,他帮着想办法。白金钟严教徒弟的同时,又关心照顾着他们。而这些老外徒弟呢,倒班回到基地,就给白金钟带当地的水果、干果,有时还带两罐啤酒"孝敬"师父。要知道,这些东西对他们来说,可都是奢侈品。

现在,白金钟只要一有空,就到施工现场转一转,看看他的老外徒弟们干得怎么样,问问他们有没有遇到困难,他要把这些老外徒弟都带成能"顶硬儿"的技术能手。四个气田共有48公里的燃料气管线,都是白老师培训的当地员工独立焊接完成的。

漫漫黄沙里的勃勃生机

戴 云

土库曼斯坦 80% 的土地位于世界著名的卡拉库姆大沙漠里,基本没有河流和地表水,故有"沙漠牧场"之称。这里夏季酷热,气温可达摄氏 48—50 度,卡拉库姆沙漠中沙子的温度更可达到 80 度。土库曼人世世代代就是在这样气候恶劣的沙漠之中繁衍,生生不息,创造了自己民族的悠久历史和灿烂的文化。到过土库曼斯坦的人,都会强烈地感受到那漫漫黄沙中顽强涌动的生命热流。

把对绿色的追求变为现实

在沙漠这个黄色的世界里,人们看到一片绿色的草叶都会感到无比的亲切。土库曼人世居沙漠,对于象征生命的绿色有强烈的追求。人们爱护沙漠里的每一丛草,珍惜每一棵树。老人们总是告诫下一代:树是我们的朋友,是我们身体的一部分。砍一棵树,就是伤害自己的朋友,砍断自己的胳膊。独立以后,这个国家为绿化沙漠、改造生态进行了巨大投入。自 1998 以来,政府开始实施大规模绿化规划。初到首都阿什哈巴德的外国人都会注意到,郊外的漫漫山坡上布满细细的网,走近才会发现,那是为树苗准备的滴灌网络。在极为干旱的沙漠地区,植树是非常不容易的事,要使树木成林更是困难难以想象。多年来,在首都和全国各地,树苗是种了干死,死了再种。土库曼人真是有股类似中国人那种愚公移山的精神,黄沙地和荒山坡上逐渐出现点点绿色。经过不懈努力,首都周边形成了松柏为主的林带,城市

驻土外交使团参加植树活动。

的小气候也开始变化,人们可以更多地感受到清新怡人的空气了,雨水也渐渐多了起来。

2009年4月,我有幸和丈夫吴虹滨大使一起参加了由土外交部组织的植树节活动。别尔德穆哈梅多夫总统率领政府官员亲临,所有驻土库曼斯坦的外交使节夫妇都悉数到场。当我们抵达距离阿什哈巴德30多公里的一片黄沙地时,那里已经集合了大批当地群众。在乐队的伴奏下,年轻的姑娘和小伙子们载歌载舞,庆贺这个新生的节日。不一会儿,别尔德穆哈梅多夫总统到了,气氛更加热烈起来。各国大使和夫人们自然地排成一排,热烈鼓掌,和土库曼人同享节日的快乐。总统分别与外交使节们握手。在热情洋溢的气氛中,土外交部礼宾司司长布置了栽树的步骤。随着别尔德穆哈梅多夫总统拿起铁锹,使节夫妇们也纷纷走向各个栽树点忙碌起来。

那一天,我们切身感受到沙漠之国的人们对绿色的渴望和对美好生活的追求,我们也和周围的人们一起为大地添上点点嫩绿而高兴。

沙漠里创造的美食

土库曼斯坦的沙漠虽然荒寂,但沙漠里的生活却丰富多彩。土库曼人最喜欢吃羊肉。经过世世代代的传承,羊肉的做法在他们手里变成了艺术。且不说他们日常的白水煮羊肉有多鲜美,单是烤整羊就有许多种方法。把羊架起来烤大概是最原始的方法了。我见过厨师们在沙地里烤羊:挖一个大坑,上面用些土做出圆顶,把整羊放在里面焖

坑烤羊

各种烤馕

烤。要是嫌羊太肥，就把羊放在沙坑里，埋上沙，插一根管子露出地面，用勺子把流出的羊油收集起来。至于涂抹在羊身上和放在羊肚内的调料，各家厨师都有不外传的秘方，所以烤出来的羊肉就有不同的香味。

土库曼人把羊头、羊蹄、羊髓视为珍品，要留给老人吃，羊髓让给孩子们吃。要是招待尊贵的客人，就用羊脑和肥肥的羊尾巴。羊脑可以用勺子吃，羊尾巴要用刀片成长条，放在手上一口吃下去。我就多次被这样款待过，老实说，我们这些农耕民族的传人，一开始还真是难以接受这样肥腻的美食呢。

羊肉做的传统食品有烤羊排、烤肉串、手抓饭、烤肉饼、包子等。最常用的主食是馕。经过不断的改进，在土库曼人手里，馕也变成了艺术品，不但外形和大小各异，味道也各不相同。站在刚打开的烤馕坑边，那股清新的香味让人垂涎欲滴，不需要什么配菜，拿起一个馕来一块一块掰着吃，就是一种享受。馕在土库曼人的生活里有特殊的地位，人们绝不会随便浪费这天赐的美食。传统上，土库曼人会在家里的一个角落摆上一个咬过几口的馕，以此期盼出征的亲人早日回家。

节日的餐桌

土库曼人喜欢坐在地毯上吃饭，他们不像中国人做菜那样煎炒烹炸，但是除了烤羊肉，还会用各种烘烤的、油炸的面食和蔬菜、水果把餐桌点缀得花样百出，五颜六色，再加上胡椒、洋葱、茴香、薄荷等调味品，睁眼可以看到一幅美丽的图画，闭上眼就可以闻到扑鼻的香气。谁说沙漠里的人们不会享受生活呢！

沙漠里的勃勃生机

在距首都阿什哈巴德20多公里的地方，坐落着有名的"沙漠市场"。我特别喜欢这个地方，觉得这里永远是生机勃勃，最能代表土库曼人热爱生活、创造生活的精神。我来这里常常不是为买东西，而是来看，来感受生命的喜悦。说它是沙漠市场，真是名副其实。坐落于沙漠中的市场，周边没有一棵树、一棵草。这是一个综合性的批发市场，物价要比其他零售市场的价格便宜20%—30%。市场经营的商品非常丰富，种类繁多，物美价廉。每周二、四、六是赶集的日子，土库曼人从各地赶来购物，有的甚至坐飞机来——在土库曼斯坦，乘飞机赶集可不是天方夜谭，因为有国家的补贴，机票价格很低，除去往返的机票费，到沙漠市场购物还是很划算的。顺便说一下，土库曼斯坦的国民享受着政府给予的高福利待遇，包括免费医疗和教育，免费使用水、煤气。土库曼斯坦用天然气发电，电费低得微不足道，所以普通居民家里的灯泡最低也是100瓦。当你夜晚乘坐飞机抵达首都阿什哈巴德上空，从高空眺望这座城市，只见下面灯火通明，如同一颗巨大的明珠。

走进市场，各个地摊上常常看到半躺半卧的老人，他们不像我们中国的摊主们那样高声吆喝揽客，也少见他们和顾客面红耳赤地讨价还价。与其说他们是在卖货，不如说是在安逸舒适地享受生活。好让人羡慕啊！

沙漠市场供应的大多是日常生活用品、服装、鞋帽、床上用品。

土库曼斯坦民间手工艺品

具有特色的是手工制作的地毯、丝织的披肩，以及各种银质镶嵌着不同颜色宝石的项链、戒指、耳环、胸针、领花等。我时常感慨，这得要多高的技艺、多大的耐心才能制作出来啊。最让我惊叹的是土库曼新娘的银饰。一颗颗、一片片银子打制的饰品，用线串起来，把整个头部、胸部遮盖起来。据说，整件婚饰有几十斤重，新娘身体再结实，也只能顶一小会儿。男人们最瞩目的是黑白不同颜色的羊皮帽，冬天人们用来御寒，夏天也戴着，用来遮挡酷热的阳光。帽子是用有名的卡拉库姆长毛羊的皮做的，那白色或黑色的羊毛有10—15厘米长，随风飘动，特别美，而且充分表现出土库曼男子的英武彪悍。还有那一排排、一叠叠的各色地毯，土库曼人把自己织的地毯视为土库曼民族的灵魂，地毯上的图案就是民族的智慧结晶。世世代代的工匠们、妇女们在茫茫沙漠中，静静地坐在毡房里，苦苦地思索，细细地编织，把自己的心血凝到一根根毛线中。在他们手下，各种形状的图案就像无声的语言,诉说着民族的历史,描绘出人们对美好生活的憧憬。土库曼的地毯制作精细、图案丰富,自古以来就受到周边各国的欢迎。独立后,国家专门成立了地毯博物馆,里面收集了大到几百平方米、小如手掌的各种地毯,还展示了各种地毯编制工艺。如今,土库曼斯坦总统对外赠送的礼品也首选手工编制的地毯。

载歌载舞赞生活

沙漠里生长起来的土库曼歌舞,别有一番风情。不但盛大的节日和庆典活动时,人们载歌载舞来庆祝,平时的生活也有音乐歌舞相伴。歌舞就是土库曼人生活的一部分。

我们到农村参观,看到女孩子们身着绿色或红色拖至踝骨的长裙,梳着过腰的长辫子。裙子的领口、袖口和胸前都绣有土库曼民族特色的图案,长裙、长辫子更显得姑娘们身材修长。小伙子们身着紧身的衫裤,头戴白色或黑色羊羔皮帽,脚穿黑色长筒靴,老年人则常穿宽

身着民族服装的孩子们

弹唱艺人

戴云（中）与身着盛装的土库曼女性合影。

袍大袖的长衣。在民间，舞者通常围成圆圈，脚踏黄沙，边走动边跳。他们的歌声有时古朴苍凉，舞姿也很凝重，常常双手高举，口中发出短促的吼声，似乎是在追忆先祖；有时高亢激昂，舞步轻盈，双脚踢踏有力，好像在描述现在的生活。土库曼斯坦的歌舞优美动人，音乐节奏明快有力，具有很强的感染力。难怪不仅仅是土库曼人闻乐即舞，就是我们这些外国人站在一旁，也不由自主地随着歌舞的节拍晃动。这时，你就会强烈地感到，在这片古老的土地上，处处都是生机，人人热爱生活。你就会相信，这个古老的民族不但有辉煌的历史，他们也一定能创造更加美好的未来。

从土库曼巴什到昌平：我的求学之路

梅尔丹·别尔德耶夫（中国人民大学硕士研究生）

当我还是个中学生的时候，学习就是我的全部生活，至于未来的事，我很少去想。中学时代很快就过去了，我头一次需要自己作出决定，而且这个决定将影响自己的一生。我想继续学习，可是学什么呢？那时候，我花了很多时间来挑选未来的专业。

我毕业于土库曼巴什市职业中学。在进行最后的毕业考试时，学校公布了供选择的外国大学清单，可以去的国家有俄罗斯、中国、马来西亚、土耳其和白俄罗斯。为了能上清单里的大学，我拼尽全力准备入学考试，还真通过了。

现在，该选择想去的国家和大学了。这当然不是件容易的事，因为我毕竟是头一次面临如此严峻的考验。可供选择的专业太多了，而且每一个专业本身都是非常复杂的，要从中选择自己最中意的可不那

梅尔丹·别尔德耶夫

么容易。这个时候，我所生活的城市帮我作出了正确的选择。土库曼巴什市坐落在风景如画的里海海滨，地下蕴藏着丰富的石油，海里出产珍稀的鲟鱼。我出生和成长的地方，是土库曼斯坦最大的工业区，拥有巨量的碳氢化合物资源。我的童年是在里海边度过的，整天闻着清新的海水和海藻的气味。实际上，我每天早上就是听着离家不远的土库曼巴什炼油厂的汽笛声醒来的。

石油工人们经常到我们学校来，给我们讲他们非常有意思而且责任重大的工作，讲解石油天然气是如何生成的，讲从勘探、钻井、运输到加工的石油生产全过程，还有石油部门在土库曼斯坦能源工业中的地位和石油天然气工人在国家经济发展中的作用，等等。他们还经常安排我们参观炼油厂。

和石油工人的这些接触使我对干石油这一行产生了极大的兴趣，后来也帮助我正确选择了专业、要去的大学和国家。很快，我就毫不犹豫地选择了中国。在土库曼斯坦政府、我们尊敬的库尔班古力·别尔德穆哈梅多夫总统和中国石油天然气总公司的帮助下，我来到了中国最重要的大学之一——北京的中国石油大学。和我一起来到这所大学的，还有14名土库曼斯坦学生。

就这样，2010年，我们来到了中华人民共和国的首都北京。从落地那一刻起，我们就深深地感受到北京人的友好、亲切、好客，当然还有中国人对外国人的关心和照顾。

直到今天，每当回想起学校的老师高兴地欢迎我们，给予我们父母般的关怀，我心里还是那么温暖。从到校的第一天起，老师们就热心地帮助我们尽快适应新的气候和生活环境，了解教学体制，学习用汉语交际，学会吃中餐，当然，还要习惯亲朋好友不在身边的生活。

在我看来，坐落在风景如画的昌平区的中国石油大学，气候宜人，各方面条件都非常好，可以说是中国首都各大学中最适合学习的地方了。这里为外国学生学习和生活，为他们了解中国古老灿烂的文化创造了最好的条件。

为了让我们组织起来,加深各国留学生之间的友谊,学校经常举办各种文化活动,譬如国际文化节、新年晚会、才艺展示、辩论会等。当然,为了学习汉语,我们付出了大量的时间和精力。在学校宿舍里,每个人的床头都贴上了几张写满汉字的纸,我们天天又记又背,一起做语言作业,还相互提问。大家就是这样学会说汉语的。

我在学校的生活可不仅仅是上课。在校期间,我了解了很多新的东西,积极参加学校组织的社会活动和各种学术活动。就是在大学期间,我开始认真地踢足球,还参加了土库曼斯坦驻华大使馆的足球队。让我自豪的是,我还被选为土库曼斯坦在华留学生学生会的领导成员。大学期间,发生了许多对我来说非常重要的事,让我终生难忘,包括在学习比赛中拔得头筹,参加智力竞赛、大学生科学研讨会和体育比赛。

但是,我大学生活期间最值得纪念的时刻,是2015年11月在北京见到来中国访问的土库曼斯坦总统库尔班古力·别尔德穆哈梅多夫。在钓鱼台国宾馆一间漂亮的大厅里,我们敬爱的领袖在亲切温暖的气氛中接见了我们这些在中国首都的高校里学习的土库曼斯坦大学生。我们的国家元首像慈父般叮嘱大家,要在中国学到现代知识,要成为高水平的专家,回国后为土库曼斯坦的发展和国家经济现代化作出应有的贡献。这次接见又一次说明,我们的国家元首对土库曼青年寄予了多么大的期望。总统的接见是我们生命中的一个重要里程碑,将决定我们每一个人未来的命运。我特别想告诉大家的是,我们敬爱的总统每次来历史悠久、热情好客的中国访问的时候,一定要接见在中国学习的土库曼大学生。他总是要求青年人要高度严肃地对待学习,认真地钻研中国的语言和文化。

今天,中国是土库曼斯坦在能源领域的主要合作伙伴。土中天然气管道顺利建成,并且现在正长期稳定地向中国供应天然气,这是我们两国互利合作的鲜明象征。新的土库曼斯坦—哈萨克斯坦—中国铁路将证明我们两国合作前景远大，潜力无限。这条连接中国、哈萨克斯坦、土库曼斯坦和伊朗的铁路已经发挥了效益，它最大的优点是运输货物的速度——货运列车只要两个星期就能跑完 1 万公里的路程。

在风景如画的昌平的大学生活似乎转眼间就过去了。拿到中国石油大学化工专业的毕业证后，我觉得，要想按照已经选定的专业方向继续我的求学之路，就得在北京找一所大学接着读。为此，我决定报考中国人民大学，那是中国最好的大学之一，培养理论、实际操作和管理方面的专家。现在，我就在人大的经济专业读硕士，已经二年级了。

我主要的目标就是深入研究中国经济改革的经验，回国后做个本行业的专家，为发展土库曼斯坦的石油工业作贡献，以此来履行我对国家、对我们敬爱的总统和我自己的家庭应负的责任。

我最大的愿望就是更好地把这些年在北京学到的知识用到自己未来的工作中，为巩固土中两国人民的传统友谊、为发展土库曼斯坦和中华人民共和国的战略伙伴关系作出自己的贡献。

文化篇

> 胡振华：中国的撒拉族与土库曼斯坦的撒劳尔部落
> 穆淑惠：从土库曼斯坦访问归来
> 马伟：丝绸之路上的撒拉族与土库曼人
> 赵晓佳：我的土库曼地毯情结
> 中国中亚友好协会秘书处：
　 在中土两国间架设友谊金桥的"民间外交官"

中国的撒拉族与土库曼斯坦的撒劳尔部落

胡振华（中央民族大学教授）

在中华人民共和国的 56 个民族中，有一个被称作"撒拉"的民族。撒拉族在元代的汉文史料中被写作"撒剌儿"或"撒剌"，明清时期的汉文史料中也有写作"沙剌""沙剌簇""萨剌"的，这都是撒拉族自称"撒拉尔"（Salar）的不同的汉字音译。新中国成立后，经过民族识别，正式定名为"撒拉族"，这一族称于 1954 年 2 月在循化县第一届人民代表大会上通过，随之建立了青海省循化撒拉族自治区，同年 9 月改名为循化撒拉族自治县。撒拉族共有 13 万多人（2012 年统计），主要分布在青海省循化撒拉族自治县、化隆回族自治县和甘肃省积石山保安族东乡族撒拉族自治县大河家镇一带，此外，在新疆伊犁哈萨克自治州伊宁县也有少数撒拉族居住。他们有自己的语言——撒拉语，属阿尔泰语系突厥语族乌古斯语组，与土库曼语、土耳其语、阿塞拜疆语较为接近。撒拉族信仰伊斯兰教，属逊尼派。他们迄今仍保留着祖辈流传下来的一些社会组织名称，例如"孔木散"（Khumsan，以血缘关系为基础的共同体，多是一个姓氏）、"阿格勒"（Aghyl，由若干"孔木散"组成的小村）、"工"（Gung，来源于"干""冈"，而"干""冈"来源于"Kant"，即由若干"阿格勒"组成的大一点的村或乡）。

撒拉族的祖先来自中亚的一个叫作"撒劳尔"（Salor，或 Salyr"撒勒尔"）的部落。如今，这个古代中亚的撒劳尔部落早已成为土库曼民族的一个组成部分，但迁移到中国的一部分撒劳尔部落的人又与青海的藏族，甘肃和青海的回族、蒙古族、汉族，通过交往、交流、融合，形成了中国的一个新的民族共同体——撒拉族，他们已经大大不同于古代的撒劳尔部落了。撒拉族中的韩姓多为根子姓氏，马、沈、兰、何、刘、王等 20 多个姓都是后来与撒拉族融合为一族的外族的姓氏。中国的撒拉族与土库曼斯坦的土库曼族有着历史上的亲戚关系，但由于历史的原因，他们已经发展成了两个友好国家里的两个不同的民族了。如今，撒拉族人民正以友好桥梁的身份为增进中国与土库曼斯坦两个国家的友好作着贡献。

在青海省循化撒拉族自治县街子清真寺右侧，有一眼叫作"骆驼泉"的清泉，围绕这个"骆驼泉"，流传着一个关于撒拉族族源的传说。青海人民出版社 1982 年 2 月出版的由撒拉族马学义搜集整理的撒拉族民间故事集《骆驼泉》一书中，对"骆驼泉"这一传说的描述大意如下：在古代中亚撒劳尔部落里，有叫作"尕勒莽"和"阿合莽"的

胡振华 1992 年访问土库曼斯坦。

兄弟两人，原居住在撒马尔罕一带。他俩在群众中很有威望，因而遭到当地统治者——国王的忌恨和迫害。于是，他俩带领同族18人，牵了一峰白骆驼，驮着故乡的水、土和一部《古兰经》往东方寻找新的乐土。一行人经天山北路进嘉峪关，旋经肃州（酒泉）、甘州（张掖）、宁夏、秦州（天水）、伏羌（甘谷）、临羌（湟源）等地，辗转来到今甘肃省夏河县甘家滩。后来，又有40个同情者跟来，追随他们经天山南路进入青海，沿青海湖南岸到达圆珠沟（贵德县境内），有12人留了下来。其余28人在甘家滩与尕勒莽等相遇，便同行进入循化境内，经夕厂沟，越孟达山，攀上乌士斯山，这时天色已晚，慌忙中走失了骆驼，人们便点起火把在山坡上寻找，后人就把这山坡叫作"奥特贝那赫"（撒拉语"火坡"）。当他们到了街子东面的沙子坡时，天正破晓，故后人又称沙子坡为"唐古提"（撒拉语"天亮了"）。黎明中，他们眺望街子一带，眼见土地肥美，清流纵横，实是一块好地方。下了山坡，见一眼泉水，走失的骆驼卧在水中，已化为白石一尊。众人喜出望外，试量了水、土，与所带故乡的水、土重量一样。于是，这两批人经过长途跋涉，最后决定在循化街子地区定居下来。这些撒马尔罕人与周围藏、回、汉、蒙古等族长期杂居融合，繁衍吸收，发展成为今天的撒拉族。

　　传说是民间代代相传的故事，有的可以提供很有价值的资料，可供研究历史参考，但它并不等于历史。所以，对传说要用史料和田野调查来检验。上面这个传说里讲"撒勒尔部落原来住在撒马尔罕"，许多学者根据这一传说，就在介绍撒拉族的著作中说什么"撒拉族来自撒马尔罕"。撒拉族是不是来自撒马尔罕，需要用史料和田野调查来证明。

　　拉施特主编的《史集》第一卷第一分册列出的诸突厥游牧民族名称一览表中说："乌古斯是卡拉汗之子。乌古斯有六个儿子，他们的名字是：坤（**Kün**，太阳）、阿依（**Ay**，月亮）、余勒都思（**Yüldüz**，

2008年2月,土库曼斯坦举行麻赫穆德·喀什噶里诞辰1000周年国际研讨会,胡振华教授(左4)受邀在主席台就座。

星)、阔阔(Kök,天空)、塔额(Tagh,山)、鼎吉思(Dingiz,海)。这六个儿子又各有四个儿子,其中塔额的四个儿子是:撒勒尔(Salyr)、艾米尔(Aymür)、阿拉依温特里(Alayüntli)和乌尔凯孜(Urkez)。"这一史料告诉我们,撒勒尔是乌古斯的孙子、塔额的儿子。

我的老师、苏联突厥语言学家埃·捷尼舍夫上世纪50年代在中央民族学院给我们突厥语研究班讲授"突厥语言导论"课时介绍过土库曼语,并结合着讲了土库曼的部落及方言情况。他说:撒劳尔是土库曼族的一个部落,他们分布在土库曼斯坦东南部的查尔朱(Chardzu)及塞拉赫斯(Serahs)一带,撒劳尔方言是土库曼语的一种方言。埃·捷尼舍夫没有说撒劳尔部落居住在撒马尔罕。

从《苏联大百科全书》中"土库曼苏维埃社会主义共和国"这一词条的解释来看,1219—1221年,土库曼斯坦全境均为成吉思汗的蒙古军队所蹂躏,今日的土库曼斯坦与乌兹别克斯坦的一大片地区均受蒙古的汗国统治。撒马尔罕是其中一个汗国的首都,居住在今土库曼斯坦东南部的撒劳尔部落就也受辖于建都撒马尔罕的帖木儿王朝,但他们并没有居住在撒马尔罕。受辖于撒马尔罕和居住在撒马尔罕是不同的!"骆驼泉"传说中所说的撒劳尔部落曾居住在撒马尔罕和从撒马尔罕迁移来中国青海循化的说法与史实不符。英文的《伊斯兰大百科全书》在介绍撒拉族时,也是说他们"取道撒马尔罕,经过吐鲁番、肃州到西宁,在那里定居下来,成为今日的撒拉族"。这里说的是"取道",就是说他们原来不是住在撒马尔罕,当然也不是从撒马尔罕迁来中国青海循化的。

早在上世纪 50 年代听了苏联专家埃·捷尼舍夫先生讲课和阅读了一些有关土库曼族部落的划分和土库曼语方言学的书籍后,我就对一些学者的"撒拉族是从撒马尔罕迁移来的"这种说法有不同意见,但我没有写出任何文章来表达自己的看法,因为我总想要亲自到土库

胡振华在纪念土库曼斯坦诗人马赫图姆库里 290 周年诞辰的研讨会上发言。

各国外交官和专家参加"土库曼斯坦独立25周年:成就与未来战略"学术研讨会。

曼斯坦去做些田野调查后再说。1992年夏天,我应邀访问了土库曼斯坦。在阿什哈巴德,我住在国立土库曼斯坦大学一位名叫阿曼·盖勒地的副校长家里,他是汉学家,是撒劳尔部落人。我在他家住了一个多星期,向他询问了撒劳尔部落的分布情况。他说,历史上撒劳尔部落就是居住在土库曼斯坦的东南部,在伊朗境内还有一些撒劳尔部落人,但的确没有在撒马尔罕居住过。我也与他核对了"尕勒莽"和"阿合莽"的传说故事。他说,这个传说只讲了他们与统治者的斗争,没有从撒马尔罕迁移到中国的情节。我后来又应邀到乌兹别克斯坦访问交流,多次到过撒马尔罕,我听到的是过去这里居住着许多塔吉克人,但没有撒劳尔部落人居住过。

从史料和田野调查的结果看,撒劳尔部落原来居住在土库曼斯坦的东南部,他们是元朝末年在大批中亚"回回工匠""回回军"东来

胡振华向土库曼斯坦科学院语言文学研究所赠书。

中国时"取道撒马尔罕"迁移到中国青海循化,而不是原来就居住在撒马尔罕。

土库曼族是中亚的古老民族,是古代突厥人的一支后裔。唐代《通典》第一百九十三卷"边防"九中提到的"粟戈"条里写道:"在葱岭西,大国,一名粟特,一名特拘梦……。"我国有学者认为"特拘梦"就是"土库曼"(Türkmen)那时的汉字音译。当时,属于突厥乌古孜部落的土库曼人已迁移到中亚的花剌子模、马雷等地。

土库曼族有部落的划分,分为东支诸部落、西支诸部落和北支诸部落,他们合计有 8 个大部落,另有一些独立的较小的部落。

(一)东支诸部落

1. 贴克(Teke) 主要分布在阿什哈巴德附近地区和马雷州,是土库曼族最大的部落。

2. 撒劳尔(Salor) 主要分布在马雷州和土库曼斯坦的东北部。他们中的一小支于元末明初迁移到我国并与回族、藏族通婚,形成现在居住在青海省循化撒拉族自治县的撒拉族。

3. 萨雷克（Saryk） 也主要分布在马雷州和土库曼斯坦的东北部。

（二）西支诸部落

1. 约穆德（Iomud） 主要分布在靠近里海的地区和达绍古兹（Dashoguz）一带，它是土库曼族的第二大部落。

2. 戈克兰（Göklan） 主要分布在阿什哈巴德以西地区。

3. 乔多尔（Chodor） 主要分布在土库曼斯坦的西部和北部。

（三）北支诸部落

1. 埃尔萨里（Ersary） 主要分布在土库曼斯坦的东北部。

2. 阿里里（Ariri） 主要分布在土库曼斯坦的西部和北部。

（四）其他独立的小部落

1. 阿拉巴乞（Arabchi） 传说是阿拉伯人的后裔融入了土库曼族。

2. 淖乎尔里（Nohurli） 传说是蒙古人的后裔融入了土库曼族。

3. 阿淖里（Anauli）

4. 喀萨尔里克（Kasarlik）

5. 乃来则木（Nerezim）

6. 奥乌拉特（Ovlat） 传说是犹太人的后裔融入了土库曼族，但仍信奉犹太教。

看了土库曼族的部落划分，我们就更清楚了中国撒拉族和土库曼斯坦撒劳尔部落的密切关系。

土库曼斯坦独立后不久，我应邀在土库曼斯坦国家科学院作过有关中国撒拉族的讲座，还帮助青海的一些撒拉族干部和学者访问了土库曼斯坦。土库曼斯坦驻华大使和土库曼斯坦留学生也都访问了循化撒拉族自治县。现在，青海省已经派出学生在土库曼斯坦留学。撒拉族成了中国和土库曼斯坦友好交流的一座桥梁。我相信，在实现"一带一路"这一宏伟蓝图的过程中，在进一步增进中国人民与土库曼人民的传统友谊的事业中，我国的撒拉族将更多地发挥自己的作用。

从土库曼斯坦访问归来

穆淑惠

1992年的夏天,我和从事中亚教学研究工作多年的先生胡振华教授一起,为了了解土库曼人民的风土人情,为了增进中国人民和土库曼斯坦人民的友谊,应土库曼斯坦一位作家的邀请乘火车来到土国首都阿什哈巴德。那时土库曼斯坦刚刚独立不久,我国正准备在这里建立大使馆。在阿什哈巴德访问的不长的日子里,我们受到了各方面土库曼斯坦朋友们的热情接待。

在阿什哈巴德,我们初到时住在过去苏联时期的土库曼共青团大楼,后又搬到国立土库曼大学副校长、汉学家阿曼·盖勒地先生的家里。主人怕我们受不了当地盛夏的炎热天气,还特意安排我们到南边山区的疗养所避暑。我们参观了土库曼斯坦历史博物馆、地毯展览馆、卡拉库姆大运河和考吾阿塔山附近山洞里的温泉地下河,也逛了沙地里的大"巴扎"(集市),浏览了市容。我的先生胡振华还应土库曼斯坦科学院的邀请,前去介绍了历史上来自土库曼族撒勒尔部落,迁移到中国后又在其他民族的影响下,发展成为一个居住在青海省循化撒拉族自治县的民族——撒拉族的情况。

使我们迄今难忘的,是不少初识的土库曼朋友纷纷邀请我们去家里做客,他们用最丰盛、最有民族特点的土库曼美食招待我们;还有在大街上看到一群群的青年男女,手里捧着簇簇鲜花到高大的土库曼著名诗人马赫图姆库里的雕像前去献花。土库曼朋友告诉我们:"为了纪念我们民族的著名诗人马赫图姆库里,我们青年人结婚时都要去献花表示敬意。这已经成为我们民族的礼仪了!"我们离开土库曼斯

文化篇

穆淑惠（中）和丈夫胡振华在土库曼朋友家做客。

坦回国时，土库曼朋友还送给胡振华一件非常珍贵的礼物——一本土库曼文的《马赫图姆库里诗集》。

　　1992年的这次对阿什哈巴德的访问虽然是短暂的，但给我们留下的印象是难忘和美好的。这次访问使我更加了解了生活在卡拉库姆大沙漠边缘的土库曼人民是多么勤劳、勇敢，又是多么注重礼仪、尊重传统和热情好客。但对我先生胡振华的影响无疑是比给我的要更多更深刻的。胡振华说："阿什哈巴德在土库曼语里可以解释为'爱的城市'。土库曼人民对大自然充满了爱，他们从来没有抱怨过卡拉库姆大沙漠，他们世世代代在改造着大沙漠，一片片地绿化着身边的沙地；他们也保持着朴素的传统民风，深深地热爱着平静、和平的生活，他们的先民从我国北部邻近的草原地区迁移到中亚以来，曾在丝绸之路上热情

215

地接待过一代又一代的数不清的过往客人。他们为东西方交流作出了贡献。"

我们回到北京以后，胡振华做了三件值得记忆的事：一是招收了一位博士研究生，指导她研究土库曼语和中国的撒拉语；二是把那本土库曼文的《马赫图姆库里诗集》转赠给他的学生，组织翻译成中文，在中国出版；三是向中央民族大学提出建议，建立俄语—中亚语系，开办学习土库曼语的班级。如今，这些都已成为现实。那位博士生的博士学位就是靠以"撒拉语与土库曼语比较研究"为题的论文获得的，她还翻译了土库曼文的《马赫图姆库里诗集》，在人民文学出版社出版，并与从土库曼斯坦请来的土库曼语教师赛尔达尔·马什尔考夫先生一起，在中央民族大学外国语学院成立的俄语—中亚语系的土库曼语班上讲授土库曼语课程。此外，胡振华还帮助我国青海省撒拉族人士与土库曼斯坦建立了联系。

这些年来，胡振华不仅帮助其他中国学者到土库曼斯坦访问，他自己也多次被邀请，并带上新指导的几位博士生到土库曼斯坦出席国际研讨会。他每次回来常在北京市的高等院校等单位作讲座，介绍土库曼斯坦的新变化。在家里，他也常常把在土库曼斯坦拍摄的录像和照片给我们看。他非常乐于向朋友们介绍土库曼斯坦的变化。的确，许多地方和我们以前去时大不一样了。这些新的变化也极大地吸引着我，使我盼望能有机会再回去看看今天的阿什哈巴德。

2010年9月，土库曼斯坦在阿什哈巴德举行一个国际学术研讨会，我有幸应土库曼斯坦国家科学院院长斯·泽买洛夫教授的邀请与先生胡振华一起前去出席会议。我们再次受到极为热情的接待，除了参加会议以外，我们又参观了许许多新建筑和新景点。那用大理石装饰的座座新楼，那平整的新柏油大道，那像民间叙事诗里描绘的一样的美丽喷泉，那颇有气魄的阿什哈巴德机场……，都显示了土库曼斯坦飞跃式的变化。

土库曼朋友向穆淑惠赠送小毯。

在阿什哈巴德,胡振华还应土库曼斯坦科学院语言文学研究所所长格则勒古丽·克娅索娃教授的邀请,作了一个介绍中国民族宗教及民族宗教政策的学术讲座,并向土库曼斯坦科学院语言文学研究所赠送了中国民族出版社出版的维吾尔族著名古典长诗《福乐智慧》,使土库曼斯坦的朋友们增加了对中国的了解。我也被媒体采访过两次,谈了18年前和这次应邀访问土库曼斯坦的观感。

通过和土库曼朋友们的交谈,我们还知道土库曼斯坦的社会福利保障事业做得很好。据说,他们的家庭用电、天然气,孩子从幼儿园到大学和人们去医院看病都是公费的,国家每月还向每个家庭发放一定数量的汽油供应。我们每天看到,男学生们上身穿着白衬衣,扎着领带,下身穿着黑制服裤,女学生穿着紫红色的长袍,领口上绣有花边图案,男女学生都带着花帽,非常精神。在我们住的阿克阿勒屯("白金"的意思)宾馆对面杂技馆前的广场上,每天清早都有几位穿着整洁的清洁女工在扫地。大街上,清洁卫生也搞得很好,看不见一点碎纸片、一颗小烟头。听说，阿什哈巴德有个不准在大街上吸烟的规定，谁违反了就要罚款。我们参加的宴会上，只见摆着各种不同的饮料，而没有烈性酒。这些现象都反映了土库曼人的文明素质，很值得我们学习。

我们还到阿什哈巴德市郊参观，看到过去的沙地和荒地里都栽上了各种树木，变成了供人游玩的地方。我们还到了城市南郊山坡上的"健康小路"，据说这是已故的尼亚佐夫总统为了教育人们培养克服困难、向上攀登的精神而修建的。这和毛泽东主席在诗词中写的"不到长城非好汉"非常相似。

1992年我第一次到阿什哈巴德，2010年再去时，这座"爱的城市"变得更加可爱了。我要告诉大家：阿什哈巴德是一个非常好客、文明和美丽的城市！

丝绸之路上的撒拉族与土库曼人

马 伟（青海民族大学民族学与社会学学院教授）

2013年9月，习近平主席先后对土库曼斯坦、哈萨克斯坦、乌兹别克斯坦、吉尔吉斯斯坦进行了国事访问。期间，习近平主席在哈萨克斯坦纳扎尔巴耶夫大学发表重要演讲，深刻阐述了"丝绸之路经济带"的构想。同年12月召开的中央经济工作会议强调，推进丝绸之路经济带建设。

撒拉族约在800年前从中亚迁徙至今天的青海循化地区，成为中国的56个民族之一。撒拉族先民曾在中亚地区留下了历史活动的深深足迹，与中亚民族有着血肉相连的关系。撒拉族在土库曼斯坦等国具有很高的认同度。近年来，撒拉族与土库曼斯坦的联系日益加强，尤其是中国政府提出丝绸之路经济带建设的战略任务后，双方之间的交流更加密切。如何积极稳妥地推进撒拉族与土库曼斯坦之间的关系，在未来一段时间对青海省乃至国家的向西开放战略都具有重要的现实意义。

撒拉族与土库曼斯坦的交往史

几百年来，在撒拉族民间流传着一则美丽的故事：相传，在中亚的撒马尔罕地区有一对兄弟尕勒莽和阿合莽，由于不堪当地国王的欺压，便带着族人向东迁徙，最终于洪武三年（1370年）五月十三日来到今天青藏高原黄河岸边的循化地区。传说中的撒马尔罕是中亚的一座著名城市，位于今乌兹别克斯坦境内，这是撒拉族祖祖辈辈历史记

马耐斯先生（前排中）

忆中唯一的具体迁出地。除了这一传说外，我们看不到任何相关历史文献记载撒拉族的东迁事件。

据 20 世纪 50 年代曾在青海循化县作过田野调查的苏联专家捷尼舍夫的记载，当时的撒拉族老人都熟悉从撒马尔罕迁徙出来的故事。在循化街子，有个 86 岁的撒拉族老人回忆说，小时候他父亲去朝觐时曾路过撒马尔罕，当地的人还记得中国的撒拉族。而且，其中一个人还说，当撒马尔罕有个水井的水位上升至井口时，撒拉族人将返回故地。可见，在当时撒拉族的历史记忆中，迁出地也只有撒马尔罕，并没有其他地方。

已故原新疆维吾尔自治区邮电管理处的马耐斯处长是目前为止我们所知的第一位访问土库曼斯坦的撒拉族人士。2004 年 8 月 14 日，

文化篇

土库曼斯坦总统别尔德穆哈梅多夫接见中国撒拉族代表。

我在乌鲁木齐采访了时年69岁的马耐斯先生。在任职期间，马耐斯先生曾代表中国政府成功地与中亚五国和伊朗、土耳其、德国等十几个国家签订了亚欧光缆铺设合同。为此，他曾几十次来往于这些国家之间，为中国和这些国家的电信合作作出了杰出的贡献。在工作过程中与土库曼斯坦的官员接触时，他和对方都发现撒拉语和土库曼语之间很相似，双方对此都很惊奇。当马耐斯应邀出席当地土库曼人的婚礼时，他被请求致婚礼祝词。在用撒拉语祝福新人时，他向在场的人们介绍了撒拉族700多年来的简单情况。在场的老人们能听懂大意，听完之后，他们都老泪纵横，泣不成声。土库曼人还向马耐斯赠送了土库曼服饰，他还将这些服饰带到循化，给亲朋好友观看。

2000年10月7—9日，受土库曼斯坦驻华大使拉赫曼诺夫的邀请，以青海省政协主席、青海省撒拉族研究会会长韩应选为团长的中国撒拉族代表团一行七人访问了土库曼斯坦，参加在阿什哈巴德举行的"土库曼斯坦国际文化遗产会议"。期间，代表团成员和土库曼斯坦各界人士进行了广泛接触，并就撒拉族族源、语言、风俗等方面的问题与土国学者进行了探讨。之后，撒拉族学者马成俊发表文章提到，与会学者都说中国的撒拉族是在约 1340—1350 年间（也有人说是大约在 15—16 世纪）从土库曼斯坦马雷州的 Sarahas 迁走的。目前在土库曼斯坦，属于原撒劳尔部落的人口有 8 万多。但他本人认为，撒拉族迁徙时间是在元初即公元 13 世纪。

2007 年 6 月 23 日至 7 月 7 日，以中共青海海东地委书记王小青为团长的海东地区（循化撒拉族自治县隶属于海东地区）考察团一行六人（其中有撒拉族成员）赴土库曼斯坦进行了为期 15 天的考察访问。

此后，中国艺术研究院的马盛德和循化撒拉族自治县的马明仙、韩永福等撒拉族人士也曾先后访问过土库曼斯坦。

2009 年 10 月 18 日至 31 日，由青海省循化县就业局局长张进成、新疆萨鲁尔国际贸易有限责任公司总经理韩锦华和副总经理韩小军及我本人组成的中国撒拉族民间代表团访问考察了土库曼斯坦。

2010 年 3 月，我作为青海民族大学教授赴土库曼斯坦参加在列巴普举行的"中世纪东部土库曼斯坦文化遗产国际学术研讨大会"，作了题为"中国撒拉族的来源及语言"的大会主题发言。

同年 6 月 6 日，应土库曼斯坦文化部邀请，受中国文化部、中国—中亚友好协会委派，循化撒拉族自治县派遣儿童代表团赴土库曼斯坦进行国际天才儿童文艺演出比赛。此次活动共有 20 多个国家的代表参加。

2010 年以来，新疆伊犁的撒拉族人士韩锦华先生曾多次赴土库曼斯坦参加"世界土库曼人文大会"及土库曼斯坦文化节等。

2010 年以来，土库曼斯坦驻华大使馆每年都邀请撒拉族人士参加 10 月份左右在北京举行的土库曼斯坦独立日活动。

青海省丝绸之路经济带建设考察团在阿什哈巴德。(2014年)

2013年,一些在中国的土库曼斯坦留学生及部分企业家曾先后访问了循化撒拉族自治县。

2014年2月,青海省丝绸之路经济带建设考察团一行10多人访问土库曼斯坦,访问团成员中有多名撒拉族人士。

2014年5月,撒拉族企业青海兴旺集团公司负责人访问土库曼斯坦。

2014年8月6日,土库曼斯坦驻华大使来到青海省西宁市参加2014中国(青海)藏毯国际展览会暨丝绸之路地毯展交会。8—9日,大使一行在青海省相关领导陪同下,访问了循化撒拉族自治县。

撒拉族传说中的出发地为今乌兹别克斯坦的撒马尔罕，但近年来撒拉族却为何与土库曼斯坦有如此频繁的联系呢？应该说，这与撒拉族对自身历史认知的加深和土库曼斯坦对外文化交流工作的加强有着密切的关系。

撒拉族与土库曼斯坦往来的缘由

长期以来，撒拉族对自身从中亚迁徙的出发地的历史认识主要还是停留于传说中的撒马尔罕。在过去的 20 年中，我在撒拉族地区进行田野调查时，问及撒拉族先民从什么地方迁徙而来，老人们提及的也只有撒马尔罕这个城市。20 世纪 80 年代，在广泛征求撒拉族人士和学术研究人员意见之后写成的《撒拉族简史》中，作者也认为撒拉族的先民是元代从中亚撒马尔罕一带迁来的。那么，撒拉族是如何与土库曼斯坦有了联系呢？

无论是在《撒拉族简史》，还是在芈一之教授所著《撒拉族史》中，都引用了 1934 年出版的《伊斯兰大百科全书》（英文版）的记载作为探讨撒拉族来源的主要依据：

撒鲁尔（Salur）源于乌古斯汗六子之一达罕汗……乌古斯部落从赛浑河旁的伊犁、热海一带迁到河中、花剌子模和呼罗珊地区。随着对小亚细亚的征服，一部分乌古斯部落定居在安纳托利亚的东部地区，撒鲁尔是其中一支军队。而且在小亚细亚塞尔柱的历史中，撒鲁尔发挥着重要的作用。由于塞尔柱人在各方面实行分散乌古斯部落的政策，相当大一部分撒鲁尔人向西迁徙；那些留在马鲁和撒拉克的撒鲁尔人后来以土库曼人的名义发挥着作用。根据几位学者的意见，一部分撒鲁尔人在 1380 年至 1424 年之间，经过撒马尔罕、吐鲁番、肃州，来到现在青海的西宁并定居在那里。目前，在土库曼境内撒拉克一带和俄国、波斯边境地区的撒鲁尔人把自己当作最古老、最高贵的土库曼人。

追溯族源的撒拉族骆驼舞

　　这条材料的重要性，在于它将中国撒拉族与历史传说中的乌古斯汗联系起来了。乌古斯汗的传说在中国维吾尔族以及土库曼人、土耳其人等一些民族的文化中具有重要地位，但撒拉族人对其却是集体性"失忆"了。在中国撒拉族文化中，没有任何关于乌古斯汗的传说故事留存。

　　捷尼舍夫于1957年到循化作实地考察，1976年出版了其博士论文《撒拉语结构》。他在这本著作中写道：

　　故事中关于撒拉族源自撒马尔罕的说法是完全真实的。民族学家和人类学家认为，现今与乌兹别克人几乎融为一体的撒马尔罕州（努拉金和科什拉巴特地区）的一部分土库曼人，是最早的撒勒尔人，他们早在乌古斯人移居里海沿岸前就已经在这里居住了。这一时期是9—10世纪。两个世纪——11到13世纪——后，克普恰克部落成为这里的主要居住者。

古时候，乌古斯部落的一支——撒尔古尔（撒鲁尔、撒落尔）西迁至锡尔河，一部分人便定居在撒马尔罕。大队人马继续前行，到达现在的土库曼，之后便融入土库曼民族之中。再后来，大批撒落尔人迁移到小亚细亚，在这里逐渐衰弱并融入土耳其人之中，其历史踪迹在东安纳托利亚地名录中有所反映（土耳其人对15世纪撒落尔人的行踪也有过研究，诗人卡迪·布尔哈内迪便是撒落尔人的后裔）。14世纪末，尕勒莽支系的撒马尔罕撒落尔人（撒勒尔人）一批接一批重新东迁，在西宁以南定居下来。这样看来，中国的撒拉族来源于乌古斯、南突厥民族，关注到这一点的只有少数学者。

由于这本著作之前没有汉文版，因此，在很长一段时间里，捷尼舍夫的观点并没有得到撒拉族历史研究人员的关注。1980年，陈鹏将捷尼舍夫著作《突厥语研究导论》翻译成中文，其中作者也持有同样的观点。

虽然捷尼舍夫的材料并没有被其他撒拉族研究人员发现，但撒拉族（在古代为Salur部落）源出乌古斯汗的传说已经引起了研究人员的注意。1990年，芈一之先生在其著作《撒拉族政治社会史》中，根据《多桑蒙古史》转引了波斯学者拉施特《史集》中的内容：

乌古斯汗系哈剌汗之子，曾臣服西突厥各部，"乌古斯有子六人：曰君，曰爱，曰由勒都思，曰阔阔，曰达克，曰丁吉思，皆有汗号。六子各子四人……乌古斯之二十四孙，各为一部落之祖"。乌古斯汗第五子达克汗的长子撒鲁尔（Salour），即撒鲁尔部落之长。

这样，撒拉族源自乌古斯部的观点进一步确立起来，在撒拉族当中得到传播。20世纪90年代初，就有撒拉族知识分子向我询问关于乌古斯汗的材料。虽然早在1980年就有耿世民先生整理并翻译的《乌古斯可汗的传说》出版，但由于信息闭塞，这本书并没有被撒拉族研究人员获得。

文化篇

　　将中国撒拉族与土库曼斯坦联系到一起的是当时中央民族学院(今中央民族大学)的胡振华教授。1992年7—8月份,胡先生夫妇访问了中亚的哈萨克斯坦、乌兹别克斯坦、土库曼斯坦和吉尔吉斯斯坦。次年他撰文写道:

　　在土库曼斯坦共和国,我也了解了有关土库曼斯坦的撒劳尔部落。过去我国一般学者认为撒拉族来自撒马尔罕,但实际上是来自土库曼斯坦的撒劳尔部落,只是在东迁时经过撒马尔罕而已。我国撒拉族关于族源传说中的阿合莽和尕勒莽的故事,迄今仍流传在土库曼斯坦的撒劳尔

乌古斯汗塑像

受人尊敬的土库曼老人

部落中,至于我国撒拉族传说中的"撒尔额特"这一地名,迄今仍在土库曼斯坦东部地区保留着。今日我国的撒拉族虽来源于古代的撒劳尔部落,但他们迁到我国后又与周围民族融合,在中国形成了一个新的民族共同体,所以并不能说今日的撒拉族就是土库曼族。故土库曼是由撒劳尔以及其他一些部落共同形成的另一个民族共同体。但我国撒拉族与土库曼斯坦的撒劳尔部落是有历史联系的。

2014年,胡振华教授再次撰文强调撒拉族与土库曼民族的关系。他说:

我国的撒拉族与土库曼斯坦的土库曼族也有着密切的历史渊源关系。撒拉族自称"撒拉尔",是元末明初来自土库曼斯坦土库曼族的"撒勒尔"部落。我国撒拉族与土库曼斯坦的土库曼族迄今在语言、宗教

文化篇

马伟教授（右2）参加在阿什哈巴德举行的中国撒拉族展览。

及习俗上都还保留了不少相似或相近的特点。土库曼斯坦各族人民对我国青海省的撒拉族人民有着特别亲近的感情。1992年夏天，我作为第一位应邀访问土库曼斯坦的中国学者，在土库曼斯坦科学院作了题为"中国的撒拉族"的学术报告，特别是从历史和语言上讲述了撒拉族与土库曼族的密切关系，引起了土库曼斯坦广大学者和官员们的极大兴趣。我回到北京后，土库曼斯坦第一任驻华大使便与我商议邀请青海省撒拉族代表团前去访问。接着，我又推荐了撒拉族学者和我指导的研究撒拉语的博士生前去访问交流。后来，又有撒拉族学者、官员、儿童代表团不断前去访问。他们为青海省与土库曼斯坦的交流打下了基础。

可以看出，胡振华教授在推动撒拉族和土库曼民族之间的交流当中发挥了重要作用。由于在土库曼斯坦至今还有约10万自称为"Salïr"

的土库曼人，而中国撒拉族的自称"Salïr"与此完全一致，因此，无论是中国撒拉族，还是土库曼人，都对对方有着很高的认同感。据我2009年10月和2010年3月在土库曼斯坦的考察，土库曼人完全把中国撒拉族当作土库曼人，他们称中国撒拉族为"中国撒拉尔土库曼人"。因此，土库曼斯坦的"世界土库曼人人文协会"（其会长由总统担任）每年都会邀请中国撒拉族赴土库曼斯坦参加相关文化交流活动。2013年11月21日，土库曼斯坦驻华大使馆在北京举行土库曼斯坦国庆庆祝活动，土库曼斯坦驻华大使发表讲话说：

撒拉族作为中国的少数民族，在中国生活得很好，发展得很好，为中国社会经济的发展也作出了自己的贡献。中国是多民族统一国家，政府对少数民族政策很好，我们很重视撒拉族在中国良好的发展。我代表个人、政府、外交部向撒拉族表示感谢，你们为中国的社会发展作出了自己的努力。中国和土库曼斯坦两国关系越来越好，这对撒拉族来说，也是个很好的机会。我将通过中国外交部发展和撒拉族的关系，在中国的法律框架下，未来一定要在教育、文化等方面加强合作。撒拉族和土库曼斯坦的关系要有利于中土两国之间发展关系。

撒拉族与土库曼人的历史文化渊源

由于条件所限，撒拉族研究人员还未对乌兹别克斯坦的撒马尔罕进行过实地考察，因而，关于撒拉族与撒马尔罕之间关系的材料，我们掌握得并不多。但根据前所引捷尼舍夫材料，早在9—10世纪，撒马尔罕州（努拉金和科什拉巴特地区）确实居住着撒勒尔土库曼人，至11—13世纪，克普恰克人成了此地区的主要居住者。现在，这些撒勒尔土库曼人已经与乌兹别克人融为一体了。另据我2010年4月在土耳其伊兹密尔国际学术研讨会期间对来自乌兹别克斯坦的一位Salur（Salïr的早期拼写形式）学者的访谈，撒马尔罕一带现在确实还有 Salur 人，但已基本融合到乌兹别克人当中去了。因此，当中国撒拉族向中亚方向寻找与自己相关的族群时，发现撒马尔罕一带的 Salur 人已基本销声匿迹了，他们找不到与自己相关的重要族群线索。而当他们发现在邻近的土库曼斯坦却有约 10 万人至今还自称是 Salïr 的族群时，中国和土库曼斯坦之间隔断了近 800 年的 Salïr 人的血脉亲情又得以连接。至于中国撒拉族具体是从中亚何地迁来，现在还没有确切的答案，但撒拉族与土库曼人之间的历史联系已被认为是不争的事实，尤其被中国撒拉族和土库曼人双方高度认同。这就是近年来中国撒拉族和土库曼斯坦之间往来频繁的根本原因。

需要指出的是，土库曼斯坦除了 10 万多 Salïr 人与中国撒拉族有直接关系以外，其他构成现代土库曼人的约穆德人、贴克人、埃尔萨里人、萨雷克人等主要族群，实际也都是历史上 Salur 人的后代。土库曼斯坦 Salïr 人与这些部落的分化，只是 16 世纪左右即中国撒拉族东迁约三个世纪以后的事情。也就是说，在土库曼斯坦，除了 Salïr 人外，中国撒拉族还与约穆德人、贴克人、埃尔萨里人、萨雷克人等有着同样的历史联系。因此，中国撒拉族与现代土库曼人之间的互动，其实有着更为广泛的历史文化基础。

早在 11 世纪，麻赫穆德·喀什噶里的《突厥语大辞典》中就已经记载了 Salur 的情况："乌古斯是突厥部落之一，他们就是土库曼人，有 22 个氏族，其中第五个就是 Salur 人。"因此，说中国撒拉族源出土库曼人是没有问题的，只不过，中国撒拉族保留了比"土库曼"这一名称更加古老的 Salïr（Salur 的音变形式）。"土库曼"是乌古斯民族信奉伊斯兰教以后才开始使用的名称，之前都是被称为"乌古斯"。关于"土库曼"（Turkmen）的含义，学者们认为其是由词根 Turk 和词缀 -men 构成的，Turk 就是"突厥"，而 -men 被理解为加强词义的词缀，合起来意为"纯血统的突厥人"。

关于 Salïr（上图中为 Salyr，较早形式为 Salur）一名，拉施特作出了解释，他认为其意义是：到处挥动剑和锤矛者。17 世纪的《突厥世系》中，Salur 的意义为"以刀剑武装者"。我以为，该词是个非常古老的词。撒拉族的他称"撒拉"、Salar 等来自其自称 Salïr，后者的演变过程为：Salïr < Salur < Salğur < *Sarağur < *Sarïğ Oğur。Sarïğ Oğur 意为"黄箭（部落）"（Sarïğ 在更早的时候意义为"白色"），曾是匈奴的一个重要组成部分。

当然，Salïr（Salur）人目前除了在中国和土库曼斯坦存在以外，还广泛分布在土耳其、阿塞拜疆、乌兹别克斯坦、伊朗、伊拉克、阿富汗、叙利亚等许多地方。在这些地方，他们有的以"土库曼人"的名义存在，有的以"土耳其人"的名义存在，有的已融合演变为"乌兹别克人"等。

在土库曼斯坦短暂的考察期间，我发现尽管中国撒拉族和土库曼人分离了近 800 年时间，但他们之间在文化上仍有许多相似点。如：双方都有尕勒莽和阿合莽两兄弟的传说，都有地震牛的神话传说；双

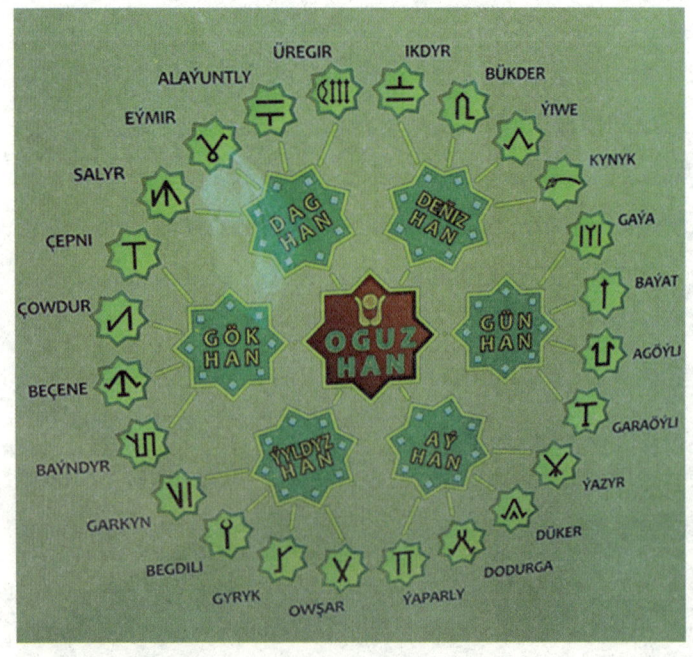

乌古斯汗的后代谱系图（其中 Salyr 为中国撒拉族祖先）

文化篇

2016年9月27日，土库曼斯坦与中国（青海）大学生足球友谊赛在青海民族大学举行。

方都喜欢吃麦仁饭，麦仁饭在土库曼语中被称为"yarma"，在撒拉语中被称为"yarma göje"；土库曼人把圆形帐篷称为"玉特"（yut），而该词在撒拉语中意为"房屋"；在土库曼斯坦国家博物馆收藏的文物上，漆有和中国撒拉族六角形符号相似的图案；等等。如果交谈内容是传统生活方面的，那么，撒拉族人和土库曼人可以进行简单的语言交流。如果对语言进行较为全面而仔细的分析，那么我们发现，撒拉语当中的一些词汇只有在土库曼语、土耳其语、阿塞拜疆语等乌古斯语组语言中才能找到，而在其他语言如维吾尔语、哈萨克语等亲属语言中却找不到。

结语

　　撒拉族虽然从中亚迁徙至今天的青海地区已有近800年的历史，已经形成自己不同于中亚土库曼人等的一些文化特点，但是今天，当千载难逢的历史机遇出现在面前时，基于共同的血缘及一些文化特点，中国撒拉族仍然和土库曼人重新走到了一起。这种"同根同源"的历史文化联系，使得撒拉族在丝绸之路经济带建设过程中具有了举足轻重的地位。如何发挥撒拉族这种得天独厚的优势，推动中国和土库曼斯坦之间的经济文化交流，将是撒拉族学界面临的一个新的研究课题。

我的土库曼地毯情结

赵晓佳(宁夏大学外国语学院副院长)

"土库曼地毯是一面镜子,从中可以看见土库曼人的爱与憎、梦想与渴望。它是走过光荣历程的先辈们用色彩和心灵的语言写就的一部编年史。"

——土库曼斯坦总统 库尔班古力·别尔德穆哈梅多夫

在我的家中,珍藏着一块小小的土库曼地毯。它仅大约一尺见方,美丽的深红底色上,织有由白色、橘色、绿色和黑色组成的经典土库曼地毯花纹。它是 2008 年我第二次到土库曼斯坦参加国际学术会议时,会议主办方赠送的礼品。我非常珍爱这件珍贵的礼物,不仅仅是因为它寄托着土库曼朋友的深情厚谊;对我来说,自从 2007 年第一

赵晓佳收藏的土库曼小地毯纪念品

次访问土库曼斯坦以来，土库曼地毯就一直深深地吸引着我，我与它结下了不解之缘。这些年里，在几次赴土库曼斯坦参加会议的间隙、在国外访学的资料收集和研读中，我利用各种机会，努力更多地了解土库曼地毯。在此期间，我的土库曼朋友们给予了我很大的帮助，土库曼学者们的著述让我对土库曼地毯有了深入的了解。对我来说，土库曼地毯是一部打开的、关于土库曼民族心灵的书卷，是用色彩斑斓的羊毛写成的一部编年史，同时，也是解读土库曼民族文化密码的一把钥匙！

初识土库曼地毯：土库曼民族的骄傲

2007年12月，当时的我还是中央民族大学的博士研究生，我的导师、中国著名的突厥学家胡振华先生带我初次参加在土库曼斯坦举办的学术会议——由土库曼斯坦文化遗产中心主办的关于尼萨古城历史遗产的国际学术研讨会。那是我第一次参加国外的学术会议，当时各种新鲜的感受和兴奋的心情，我至今记忆犹新。在那次大会上，我宣读了在导师指导下完成的论文，内容是关于一位大约在公元2世纪时远赴中国的古代安息国王子、佛教高僧安世高在中国的生活和活动轨迹，以及他为佛教在中国的早期传播中所作的贡献。这篇论文当时引起了与会学者们的普遍兴趣，因为它以翔实的资料为中国与土库曼斯坦源远流长的友好交流历史提供了有力的证据。

就在那次参会期间的各种活动，如古代遗址考察、博物馆参观、市区观光和会议讨论等中，土库曼民族悠久的历史、灿烂的古代文明、独特而绚丽多彩的民族文化、宏伟壮丽的现代建筑、宽阔美丽的城市街道、聪慧善良的人民……，这一切都给我留下了深刻的印象。正是在这次访问中，土库曼地毯引起了我浓厚的兴趣。

在会议的间隙，主办方组织各国与会者参观了著名的土库曼斯坦地毯博物馆。土库曼斯坦地毯博物馆外观气势恢宏，里面数千件流光溢彩的古老的和现代的地毯展品，向人们展现出土库曼民族独特的想象力和创造力。这座博物馆是根据土库曼斯坦总统的命令于1993年3月建成的。这里共展出大约8000张地毯，其中包括17、18世纪的一些珍品。陪同我们参观的一位会务组的土库曼同事还告诉我，1992年，"土库曼地毯节"正式成为国家法定节日，这一民族节日被确定为每年5月的最后一个星期日。

走出地毯博物馆，当我走过阿什哈巴德宽阔的大街和一幢幢设计独特的宏伟建筑时，一旁的土库曼同事不时向我示意，我顺着他指的方向举目望去，只见在迎风飘扬的土库曼斯坦国旗和国徽上的图案中，都描绘有土库曼地毯花纹的形象。这位同事告诉我，五种经典的地毯花纹，象征着土库曼斯坦民族团结和统一。

在对土库曼斯坦的初次访问中，我深深地领悟到，地毯在土库曼民族的物质和精神文化中有着非同寻常的意义。与此同时，一个问题开始萦绕在我的心中：一种传统的民族实用艺术，何以在土库曼斯坦获得如此特殊的地位？在此后很长的时间里，我都试图找到这个问题的答案。

土库曼人的心灵书卷

土库曼斯坦国家科学院考古学与民族学研究所土库曼民族历史部主任汗—吐尔地·库尔班诺夫（Han-Durdy Gurbanov）教授是我的导师胡振华先生的老朋友，他对我的研究工作也经常给予关心和支持。库尔班诺夫先生的侄儿谢尔塔尔（Serdar）是土库曼斯坦某高校历史系教师，研究中国历史和文化。我在中央民族大学读博士的时候，谢尔塔尔曾在中央民族大学教授土库曼语。那时的周末，我常和谢尔塔尔及他妻子古丽一起在中央民族大学附近的紫竹院公园散步，或是在学校旁边的一家餐厅吃烤鸭，我和这一家人结下了深厚的友谊。谢尔塔尔一家在北京生活的几年中，逐渐熟悉和了解了中国的文化，也爱上了中国的饮食。记得在他们回国之后，我应邀再次去阿什哈巴德参加学术会议，临行前，我问谢尔塔尔给他们带什么，他率真的回答令我不禁捧腹。他说要我给他捎去些他想念已久的东西：陈醋、黑木耳和"老干妈"辣酱！

每次我的导师胡先生去土库曼斯坦，以及我几次去参加会议，库尔班诺夫先生和谢尔塔尔一家人都会热情地邀请我们到家中做客。谢尔塔尔的妻子古丽和他的妹妹们每次都为我们准备丰盛的土库曼家宴。在这里，我品尝到最美味的抓饭，以及土库曼人的烤肉饼、烤馕等各色美食，土库曼妇女的勤劳善良和心灵手巧令我叹服。每次在他家做客时，我们和他一家老小围坐于铺有餐布的大地毯上，上面摆满各色民族传统美食和水果。与他们一家人围坐地毯共度的时光给我留下了美好的记忆。几次在他家中做客以及与主人们的攀谈，也让我逐渐真正懂得了地毯在土库曼人生活中的重要性。

土库曼斯坦大部分国土被卡拉库姆沙漠占据。由于水资源贫乏，自古这里的人们主要居住在河谷和山麓地带。他们经常要为获得水源和耕地而斗争，这就决定了这里的居民以游牧为主的生活形态。地毯制品在游牧人的生活中起着重要的作用：轻便的地毯制品方便于迁徙，在生活中代替了家具和各种容器；毡房的木质构架用地毯织物遮盖和固定，可有效地阻挡夏天的烈日和冬季的寒风；毡房内部地上铺的和墙上挂的地毯制品为牧人开辟了温暖舒适的生活空间。

从土库曼人的祖先们开始，各种用途的地毯伴随着土库曼人的一生：婴儿安睡的地毯编织的摇篮；孩子学步和玩耍用的小地毯；姑娘出嫁时嫁妆的很大一部分是地毯；婚礼当天，新娘骑乘骆驼去往新郎家，骆驼是用地毯精心装扮的；土库曼人每日在地毯上吃饭、睡觉；做礼拜时用一块小的礼拜毯；当一个人最终离开人世时，仍有一块地

2012年12月，赵晓佳（左3）在土库曼学者家中做客。

毯伴他长眠于地下。

  地毯编织的过程非常艰辛，每一张织成的地毯上都凝结着大量的劳动和智慧。在土库曼斯坦，过去，妇女们通常在幼年时就学会了编织地毯的技术，她们从小到大都织地毯。在漫长的岁月中，地毯编织的劳作塑造了土库曼民族的性格，锻造了他们的品质：勤劳、坚韧、恒心和毅力。在每张地毯中，织入了土库曼人的智慧和最美好的情感、梦想与渴望。正如土库曼斯坦总统库尔班古力·别尔德穆哈梅多夫所言："你会从中看到留住的幸福与欢乐的瞬间，母亲对儿子的祝愿与叮咛，对保护、帮助、成功和爱的承诺，以及这些的必然实现。因为地毯是祈福的咒语！这种由人的双手创造的奇迹将独特的光之能量带给人们的家庭，发出对善的呼唤并带来善的回应。"

坚如磐石、柔若玫瑰

我无比珍爱我的这方小小的土库曼地毯：它虽体量微小，却与我在土库曼斯坦所见过的所有大地毯一样，有着同样令我着迷的深沉底色、经典花纹和细密的品质。土库曼地毯最显著的特点是美丽的外观和坚实的品质。"坚如磐石，柔若玫瑰"——早在塞尔柱王国时期，在欧洲和东方市场就是如此评价土库曼地毯所具有的鲜艳饱满的颜色、古朴典雅的图案和经久不变的品质的。

经典的土库曼地毯具有深沉、浓厚的深红底色（或深蓝色、咖啡色），上面分布着古老的几何图形花纹。当我徜徉于土库曼斯坦地毯博物馆时，那一张张美丽的地毯、不同色调的红色会令我产生丰富的联想：春天里盛开的罂粟花、成熟的樱桃、落日的余晖……地毯的用色非常节制，在红色的背景中，仅添加少量的白色、黄色、深绿和蓝色。图案的轮廓则用黑色、深蓝或咖啡色。

2008 年第二次应邀参加土库曼斯坦的学术会议时，在会议间隙我再次前往地毯博物馆，流连于数千张地毯之间。当看到 19 世纪末以前的那些地毯至今依然保有柔美亮丽的光泽，丰富绚丽、丝毫也不衰减的颜色时，我不禁为之赞叹。于是我向博物馆的工作人员请教土库曼地毯历久弥新的奥秘。当时，一位年龄在 40 岁左右的工作人员耐心细致地为我解答了相关的问题。

他告诉我，土库曼斯坦草原牧场种类繁多的牧草所提供的丰富养料，使这里的绵羊羊毛具有高度的韧性和弹性，良好的吸湿性、保温性和光泽度。织地毯使用春季采集的羊毛，因为这时的羊毛纤维长而结实，用它织成的地毯永远不会出现倒绒的现象。随着时间的流逝，绒毛的末梢虽然会磨损、变细，然而，这时地毯会富有天鹅绒的光泽和柔性。织毯的纱线通常由编织地毯的妇女们自己染色。在 19 世纪末以前，土库曼人用于纱线染色的染料几乎全部是当地生长的植物和其他天然材料，用这些天然染料调染的纱线织成的地毯，其色彩永久不变，而且富有极佳的光泽度。

在一张地毯前，这位工作人员为我讲解拉绒地毯的编织过程。经过他的讲解，我明白了，拉绒地毯的质地主要取决于编织结的密度。在每平方厘米的土库曼地毯表面上，编织结数量可达10000—15000个。在手工编织的地毯中，几乎没有其他地毯能在编织结的密度方面与之相提并论。由此，就可以理解其"坚如磐石"的品质和经久耐用的特点了。

在走过大厅中所陈列的一系列奖杯前面时，他停下了脚步。他的讲述使我了解到：自中世纪的后期，土库曼地毯开始经常出现在欧洲各国的各种展览中。19世纪末20世纪初，土库曼地毯曾参加过几十次在欧洲各国一些主要城市举办的展览。欧洲各国的一些著名博物馆分别收藏有不同时期土库曼地毯的杰作。20世纪，土库曼地毯在世界各地举办的国际性展览会、博览会上多次赢得桂冠，渐渐成为世界公认的品牌，同时也成为土库曼斯坦之为世人所知的一张绝好的"名片"。

民族古老历史的一面镜子

2014年至2015年，我作为访问学者在俄罗斯莫斯科大学进行了为期一年的研修。在此期间，我得以收集和研读了一些关于土库曼地毯的研究资料。其中包括土库曼斯坦总统库尔班古力·别尔德穆哈梅多夫关于土库曼地毯的相关论著，以及一些土库曼学者和俄罗斯学者关于土库曼地毯的研究专著和文章，如奥维斯·贡多格德耶夫（Овез Гундогдыев）、吉尔乔（Кирчо Л.）、普加琴科娃（Пугаченкова Г. А.）等。这一时期，通过了解这些作者关于土库曼地毯的研究，我渐渐对土库曼地毯及其深层的文化内涵有了更深入的认识。

考古学研究证明，土库曼人祖先编织地毯具有悠久的历史。在南土库曼斯坦的考古发掘中，曾出土了大量属于新石器时代、铜石并用时代和青铜时代的彩陶制品。一些研究者发现，这些陶器上的某些常见花纹，如十字形、阶梯塔形、菱形、折线形等，与土库曼地毯的传统花纹相近似。多数研究者倾向于一种观点，即远古时代的制陶匠们在陶器的装饰彩绘中，借用了当时编织地毯的花纹。

在南土库曼斯坦，还发现了公元前2千纪用于地毯编织的工具。20世纪70年代，在土库曼斯坦西南部苏姆巴尔河谷的考古发掘中，发现了青铜制成的切割工具。经过长期研究，苏联考古学家得出结论，认为这是古代用于切割地毯上拉绒的工具。这一工具与当代土库曼妇女在地毯编织中仍在普遍使用的拉绒切割刀具的形状相吻合，只是当今的这种刀具为铁质。

1949年，苏联考古学家们在阿尔泰山区永久冻土层的巴泽雷克5号墓中，发现了一张几乎完整的拉绒地毯。这件精美的手工地毯被断定为公元前1千纪中期（大约公元前5世纪）的制品。关于该地毯出于古突厥人之手还是波斯人之手，曾一度在学术界引起争论。经过多年逐渐深入的研究，尤其是对该地毯编织技术和花纹的分析研究，多数学者认定其为古老的土库曼地毯。

关于土库曼地毯的文字记载，见于13世纪意大利旅行家马可·波罗的游记、14世纪阿拉伯旅行家伊本·白图泰的游记，以及中世纪其他一些作者的描述。这些文字资料表明，到中世纪，土库曼地毯在东西方之间已经得到较为广泛的承认，成为土库曼人对外贸易的重要商品并远销各国。

对于早期历史鲜有文字记载的土库曼民族来说，其世代相传、风格独具的手工地毯上，留下了祖先们世世代代生活和创作的痕迹，记载着他们对世界的认识、他们的渴求与希冀，积累和传承着丰厚而又独特的美学经验。因而，它是土库曼民族古老历史的见证，是用特殊的语言写就的一部民族文化史。

土库曼地毯的花纹：民族的象征

土库曼地毯上基本的花纹元素，是被土库曼人称作"桂尔"（"花"）的八角形（或菱形）的图案单元。它在土库曼地毯的画面中以千变万化的形式出现：十字形、阶梯塔形、折线勾勒的轮廓，等等。在八角形（或菱形）的内部，则是以各种几何形状，以及不同的色彩组合所构成的、更加富于变化的细小图案。1914年，著名艺术理论家费尔盖尔扎姆说："任何人哪怕只见过土库曼地毯一次，他就永远不会将它与其他部落、民族地毯制品的任何一种花纹相混淆……因为无论是从色彩角度，还是从它的几何形构图来说，它的独特性都是无可比拟的。"土库曼地毯的传统花纹是代代相传的民族文化符号，其中蕴含着民族古代文化的丰富信息，是区别于其他民族地毯的重要标志，也是土库曼地毯的灵魂所在。

土库曼地毯花纹"桂尔"的经典样式，具有鲜明的部落和地域属性。土库曼斯坦每片绿洲（甚至村落）都有自己特有的传统花纹，每个部落都有自己代表性的花纹。在古代，这些图案曾是部落的象征符号，古代游牧部落曾将这样的符号作为标记财产的烙印。常见的一些古老部落花纹有贴克部落花纹、萨雷克部落花纹、撒劳尔部落花纹、约穆德部落花纹和埃尔萨里部落花纹等。

古老的地毯花纹图案具有几何形的造型，所表现的主题主要有自然界动植物形象和部落庇护女神的形象等。这些图案的形成是在漫长岁月中不断演化的结果，而起初它们曾是对周围世界具体事物的描摹，在世代相传的过程中得以简化，只保留了其中最具表现力和代表性的部分，形成了简约而抽象的风格。同时，在漫长的岁月中不断吸收不

阿什哈巴德市容（赵晓佳摄于 2007 年 12 月）

同时代的观念，成为部落和氏族的徽章和符号。

关于这一古老的花纹的文化内涵，当代学者们进行了广泛的研究。其中，有一些观点具有代表性。有学者认为，"桂尔"象征着浩瀚宇宙之中的地球，图案以太阳为定向标，是太阳神崇拜时期的产物。在每个"桂尔"图案中心的中轴，是能量即生命的核心，从这里向外发散出普照天下万物、照彻每个角落的光和热。土库曼斯坦总统库尔班古力·别尔德穆哈梅多夫指出："无论是在最原始的信仰中，还是在现实的世界性宗教中，都可观察到世界之山、生命之树、地心之轴的形象，这也正是土库曼地毯古老花纹'桂尔'所包含的基本含义，从这里开始了其漫长的历史和形象的演变。"毫无疑问，土库曼地毯花纹中保存着土库曼人祖先对世界的认识，包含着古老的民族记忆。

　　作为一种特殊的语言，土库曼地毯传统花纹中保存了历史的篇章，反映了土库曼大自然的无限风光、民族精神的独特性和文化历史的独特性。因而，土库曼各部落代代相传的地毯经典花纹，在今天成为土库曼民族当之无愧的民族象征。

　　每当我凝视或抚弄我的这方小小的土库曼地毯，我的思绪就飘飞到地毯的国度——土库曼斯坦。历史悠久、深深植根于民族传统的土库曼地毯，作为一种民族实用装饰艺术，体现了艺术性与实用性的完美结合。在漫长的历史岁月中，作为土库曼民族文化的重要载体，土库曼地毯不仅在土库曼人的物质生活和精神生活中起着重要的作用，还是民族古老历史的见证，是用特殊的语言书写的民族心灵诗篇。土库曼地毯的传统花纹作为古老的民族文化符号，反映了土库曼精神文化的独特性。

　　我的这方小小的土库曼地毯，几年来伴随着我读土库曼地毯这部大书，陪伴我进行了一次真正的精神上旅行。土库曼地毯像一把钥匙，在我面前打开了土库曼民族文化宝藏的一扇门。

　　感谢引导我走上这条探索之路的我的导师胡振华先生！感谢在这一路之上不断给予我帮助的土库曼朋友们！感谢那些我虽从未谋面，然而他们的研究令我深深受益的学者们！感谢土库曼斯坦总统库尔班古力·别尔德穆哈梅多夫充满深刻洞见的著述给予我的真正启迪！

在中土两国间架设友谊金桥的"民间外交官"

中国中亚友好协会秘书处

林语堂曾说,吃是一种文化,它反映的是一个地域的性格。人们在迁徙的同时带走了对味觉的依恋,是一种与生俱来的习惯。只有那儿时记忆中的味道,才能稍稍满足心中对家乡的牵挂。而一个优秀餐饮企业的传奇之处就在于,它能让人与人通过味觉重逢。

北京城里,一西一东,各有一位穆斯林企业家,就在坚持用民族特色餐饮文化架设中国人民和伊斯兰国家人民的友谊金桥。

饮食文化加强相互了解

北京西边的海淀区有个"北京西部马华餐饮有限公司",总裁是来自甘肃的回族企业家马华女士。上世纪80年代末,年轻的马华来到北京,从无到有,艰苦打拼,建立起一个充满西域风情的民族特色餐饮企业。作为一个虔诚的穆斯林,她坚守着自己的信仰,坚持清真传统餐饮文化的传统,根据新的历史条件科学地改进企业经营模式,立志为弘扬历史文化、造福社会多作贡献。马华的不懈努力得到了社会的认可,企业逐步发展起来。但是,作为企业家的马华心里一直惦记着两件事:帮助西部贫困地区的孩子和向世界传播中国的穆斯林餐饮文化。多年来,马华资助了许多西部贫困地区的孩子上学,而她的企业也靠着纯正的清真饮食烹饪技术与淳厚的穆斯林文化底蕴,得到了越来越多穆斯林的充分认可与信赖。为了传播穆斯林饮食文化,每年的春分日,西部马华美食庄园都会张灯结彩,邀请在京的中外穆斯林

文化篇

2017年11月，马华在一次会议上发言。

嘉宾欢度中亚、西亚和我国新疆地区一些民族的传统节日"诺鲁孜"节和其他一些重大节日。"西部马华"的名声渐渐传播开来，而马华和遥远的土库曼斯坦的联系，也由此开始了。

2013年9月的一天，"西部马华"在总部举行庆祝国庆节暨店庆25周年活动。宴会厅里喜气洋洋，高朋满座。众多的外国嘉宾里也有土库曼斯坦驻华使馆的几位外交官。他们是被中央民族大学的胡振华教授专门请来的。胡教授曾向他们讲过马华的艰难创业史和资助贫困地区儿童、传播穆斯林饮食文化的种种努力。穆斯林女企业家马华的事迹深深打动了来自遥远的天马之国的友好使者们。"西部马华"为招待贵客，做出了自己最拿手的菜肴，还准备了一道最隆重的大菜——烤全羊。庆祝会充满爱国的激情和创业发展的豪情，来自贫困地区的孩子们表演了文艺节目。土库曼客人们非常钦佩马华这位艰苦创业、充满爱心的穆斯林女企业家，后来经常邀请马华到大使馆做客，请她品尝土库曼风味的饭菜。马华在这里见到了精致的洋葱馅饼、羊肉馅饼、烤肉、抓饭和汤，还有好多精美的水果和奶茶，并对每道菜的做法进行细致的了解。她特别感兴趣的是一道名为"Dograma"的美食，这是一道由新鲜羊肉、洋葱以及现烤面包组成的传统美食，是土库曼斯坦人民最喜欢的菜之一。接触了这些异域的美食，"西部马华"的菜单更丰富了。

随着交往的深入，大使馆对马华的创业经历有了更多的了解，希望马华去土库曼斯坦访问，与当地妇女交流，促进土库曼妇女的广泛就业。马华也早就有意沿古丝绸之路开设"西部马华"分店，传播中国的穆斯林饮食文化。现在，她把目光投向了土库曼斯坦。"西部马华"已经在古丝绸之路的起点——古城西安开设了分店，名字就叫"丝路一号"，其中的一个包间被命名为"马雷厅"。马雷是土库曼斯坦第四大城市、国家能源和外贸中心之一，和西安结为友好城市。"马雷厅"的命名，使马华沿古丝绸之路推广中国穆斯林饮食文化的构想迈出了坚实的一步。不久的将来，马华一定会去土库曼斯坦访问，并把她的团队带到土库曼斯坦，带到古城马雷，用饮食文化架起中土友好的金桥。

他把沙画画到了沙漠之国

在"西部马华"的一次招待会上，一个小男孩的表演促成了中国和土库曼斯坦交往的一段佳话。男孩是公司总经理的儿子，叫王泽宇，他在为众多来宾画沙画。这位小学生的技艺算不上高超，可是他沉着的神态、灵活的双手和稚嫩的创意却引得中外来客的阵阵掌声，也使出席招待会的土库曼斯坦大使大为惊讶。她当即邀请王泽宇小朋友参加土库曼斯坦组织的"阿瓦扎"第五届国际天才少年儿童艺术节。王

文化篇

王泽宇和外国小朋友

泽宇的父母自然非常高兴，可是马上又开始忧虑起来：王泽宇和许多同龄的男孩子一样，爱玩，调皮，有些任性，学习时爱走神，总是要爸爸妈妈为他操心。现在一下子让他离开家长的呵护，自己到一个陌生的国家去，他一路上能照顾自己吗？安全有保证吗？在国际儿童的盛会上展示自己的技艺，他不会怯场吗？经过大使一番说服，父母亲终于同意了，他们信任大使，也信任自己的儿子。于是，2014年8月，小学生王泽宇独自踏出国门，作为唯一一位中国代表参加了土库曼斯坦"阿瓦扎"第五届国际天才少年儿童艺术节。

正如大使所保证的，土库曼方面派人细致地接待了来自中国的小朋友。王泽宇参观了里海之滨的"阿瓦扎博物馆"，感受了悠久的土库曼文化，也为这次"阿瓦扎"艺术节专门创作了两场名为"友谊之桥"

的沙画表演。他一点儿也没"怯场",反而用大方娴熟的表演赢得主办方的称赞和来自世界各地的小朋友的喜欢。不过,王泽宇还有更大的收获。经过这次独自旅行,他仿佛一下子长大了,小学生似乎变成了男子汉,自理能力明显增强,更有自信了,也爱帮助别人了。更让爸爸妈妈高兴的是,他学习比以前更用心了,经常受到老师的表扬。他还时常拿出在土库曼斯坦时拍的照片,向小伙伴们介绍那个遥远的国家、那里美丽的景色、那里善良的人们。沙画呢,当然也比以前画得更好了。

老乡见老乡

北京东边的朝阳区有个"撒拉花儿餐厅",是来自青海循化县的撒拉族青年企业家马忠华开的。1998年,马忠华这个来自西部贫困地区的18岁穷孩子,怀里揣着50元钱,在北京开始了创业之路。他从小饭馆的洗碗工开始,白天干杂活,晚上睡餐桌,几次想打退堂鼓,都是母亲的鼓励让他坚持下来。他学会了技术,积累了经验,终于开起了以西北民歌"花儿"命名的撒拉花儿餐厅。现在,"撒拉花儿"已经是颇具规模和影响的连锁餐饮企业了。

发展起来的马忠华心里也是惦记着两件事:第一是帮家乡的人脱贫,他带动和资助了100多个撒拉族乡亲在北京开餐饮店,资助贫困儿童上学,还担任了中国少数民族少儿艺术基金会的副主席,热心公益事业。第二件事是让撒拉族的饮食文化穿越历史时空,沿古丝绸之路回到撒拉人的历史故乡——土库曼斯坦。马忠华坚信,撒拉饮食应该上升到文化的高度,而文化是古丝绸之路的精髓,也是当代一带一路构想的重要组成部分。为给撒拉饮食增添文化内涵,马忠华先给自己提高文化层次。他先后到清华大学、北京大学等高等院校学习。为了更好地了解丝绸之路沿线国家的饮食文化,他在北京的外国使馆辐

马忠华接受土库曼斯坦电视台采访。

射区开了"撒拉花儿"三元桥店,几乎天天都有机会接待伊斯兰国家的外交官用餐。

马忠华这一辈人只是从小听传说:他们的先祖来自遥远的土库曼撒劳尔部落。几百年前,祖先们开始东迁,穿越了中亚的高山戈壁、漫漫黄沙,终于有一天,他们骑乘的一匹白骆驼在一口清泉边卧下来,这就是撒拉族今天定居的地方。历史太遥远了,土库曼对年轻人来说终究是模糊的概念。

有一天,马忠华和几个撒拉族老乡从牛街清真寺做完礼拜出来,站在路边聊天。一个穿西装的外国人走过来,好奇地问他们说的是什么话,怎么和他们国家的语言差不多。得知这几个年轻人是中国的撒拉族人,那个外国人很高兴,自我介绍说是土库曼斯坦驻华使馆的外交官。于是,"老乡见老乡,两眼泪汪汪",马忠华把他请到"撒拉花儿",拉起说不尽的家常话。

经这个人推荐,土库曼斯坦驻华大使馆的外交官也要来"撒拉花儿"吃饭。得知有贵客要光临,马忠华把妈妈、妹妹都动员起来,全家动手准备了纯正的撒拉族饭菜。一道道美味让大使感到非常亲切,像回到了自己的家。当主人端上名叫"gode"的麦仁粥时,她说,看看,从名字到样子、味道,都和现在土库曼家乡的一模一样。

在大使的鼓励下,马忠华参加了一个中国企业家访土考察团,回到了撒拉族人传说中的老家。在马忠华的眼里,这里的气候、人文、自然环境就是撒拉人传说中的样子,使他感到十分亲切。在当地人的热情要求下,马忠华允诺在那里开一家撒拉族风味的中国餐馆。现在,各项准备工作正在有条不紊地进行。

回到国内,马忠华热心地为"老乡"们帮忙。每到诺鲁孜节,他的"撒拉花儿"都会为使馆提供纯正的土库曼风味的餐食,供使馆招待客人。土库曼斯坦的歌舞团来访问,他积极地为远方来客提供饮食服务。土库曼斯坦的商人们在北京成立"工业企业家联盟",他自掏腰包为客人们提供在中国的机票、食宿费用,带他们到青海循化去访问"探亲"。

马忠华听到周围有不少人议论,说土库曼斯坦不但气候条件严峻,而且投资条件不好,和土库曼人很难打交道。他就用自己的见闻说服朋友们:每个国家都有自己的国情,有长处也有短处。土库曼斯坦有自己的发展优势:人有发展的愿望和干劲,地有丰富的天然气和矿产资源,社会经济发展速度快,法制在不断健全,是个投资的好地方。他还组织了十几个民营企业家组团去土库曼斯坦访问,增加他们在那里投资发展的信心。

在马忠华这样的热心人的促进下,老乡见老乡可不只是泪汪汪,而是共同谋发展、努力建家乡了。

后记

五洲传播出版社和外交笔会联合编辑出版的"我们和你们"丛书，自2014年推出以来，在国内外受到普遍好评，许多外国友人纷纷要求出版中国和他们国家的故事。2017年是中土两国建交25周年，因此，五洲传播出版社决定年内推出《中国和土库曼斯坦的故事》。作为中国前驻土库曼斯坦大使，我为这次"特殊安排"感到非常高兴。外交笔会希望我来做这本书的主编，我毫不犹豫地承担了这个光荣的任务。

当我给许多曾在土库曼斯坦工作过的朋友打电话约稿时，他们都立刻应承下来，还催促我尽快和出版社联系出书，他们说得最多的话是："我们也不比他们差，我们也有很多很多话要说。"我联系了外交部、对外友协的相关负责人，还有像阿姆河天然气公司这样的大型国企、西部马华这样的杰出民企，他们的老总也都爽快答应组织人写稿。在我的联系人名单里，还有各位前驻土库曼斯坦的大使、武官、资深记者，以及我国研究突厥学的前辈泰斗胡振华教授和他的一众弟子门生。积极响应的还有土库曼斯坦驻华大使鲁斯捷莫娃女士、土国知名学者和在华留学生，他们也同样强调："我们有话要说。"

遥远的距离不是两个国家和人民相互理解、发展友谊的障碍，更何况中国和土库曼斯坦还有古老的丝绸之路相连接。近年来，我们两国人民交往日益增加，经贸文化合作不断加深。中国人关注着土库曼古老沙漠里焕发的勃勃生机，土库曼人则赞叹亚洲东方重新崛起的泱泱大国。本书的20多位撰稿人从不同的视角描述了两国人民在新世纪的来往，讲述他们如何互相理解、和睦相处，记录了许多关于"汗血宝马"和中国—中亚天然气管道的鲜为人知的故事。胡振华教授告诉我们中国一个少数民族和土库曼的血缘关系，梅尔丹回忆了他从土库曼巴什市到北京昌平的漫漫求学之路。这些文章的作者用朴素的语言表达了一个共同的愿望：在人类发展的新纪元，我们两个古老而年轻的东方国家要携起手来，共谋发展和合作，复兴丝绸之路，造福我们的人民。

　　接下撰写后记的任务，我才感到，为本书写后记其实比写一篇亲历文章更难。这不但因为本书的内容非常丰富，难以用一篇短文概括，还因为虽已经截稿，但大家都感到还有很多话没说完。也许，这本《中国和土库曼斯坦的故事》之后，我们还会编写新的故事集，写出中国和土库曼斯坦友谊新的篇章。

　　最后，我要衷心感谢为本书撰稿的国家机关和各个企业，已经退休和仍在工作岗位上的各位朋友们，土库曼斯坦大使和土库曼友人们，是他们在努力地推进中土关系不断发展，并花费心血结成此书。

吴虹滨